L'ŒUF DE JADE

TERRES MYSTÉRIEUSES

Jacques Baudou & Paul Gayot
MÉMORIAL SHERLOCK HOLMES
NOUVEAU MÉMORIAL SHERLOCK HOLMES
anthologies

Guy Boothby
PHAROS L'ÉGYPTIEN
roman

Ernest Bramah
LA PARTIE SE JOUE DANS LE NOIR
nouvelles

Fredric Brown
LA NUIT DU JABBERWOCK
roman

William Carleton
LE PROPHÈTE NOIR
roman

William Wilkie Collins
LA REINE DE CŒUR
roman

Erle Cox
LA SPHÈRE D'OR
roman

Gérard Dôle
LES NOUVELLES ENQUÊTES DE HARRY DICKSON
LE VAMPYRE DES GRAMPIANS
et autres aventures
LE LOUP-GAROU DE CAMBERWELL
et autres aventures
LE DIABLE DE PIMLICO
et autres aventures
LES ENQUÊTES EXTRAORDINAIRES DU CHEVALIER DUPIN
LES OGRES DE MONTFAUCON
LE CAUCHEMAR MANDCHOU
tribulations infernales du docteur Martin Hesselius
LES TRIOMPHES DE SHERLOCK HOLMES
souvenirs d'une souris d'hôtel
SHERLOCK HOLMES *vs* MATA HARI
dans les griffes de Jaggernaut
LES DOSSIERS SECRETS DE SHERLOCK HOLMES
Monstres sur la Tamise

Lord Dunsany
LES FABULEUX VOYAGES DE MR. JORKENS
nouvelles

Philip José Farmer
L'AUTRE VOYAGE DE PHILEAS FOGG
roman

Stephen Gilbert
LE CATACLYSME
roman

James Hilton
HORIZON PERDU
roman

Fergus Hume
LE MYSTÈRE DU HANSOM CAB
roman
L'OMBRE MYSTÉRIEUSE
roman

Talbot Mundy
L'ŒUF DE JADE
roman

Jean-Pierre Naugrette
LES VARIATIONS ENIGMA
roman

Sir Arthur Quiller-Couch
LE ROCHER DU MORT
roman

Sir Henry Rider Haggard
LES MINES DU ROI SALOMON
roman
ELLE
roman
AYCHA OU LE RETOUR D'ELLE
roman

Charles Sheffield
L'EXTRAORDINAIRE DOCTEUR DARWIN
LE DÉMON DE MALKIRK
et autres histoires

Bram Stoker
LE DÉFILÉ DU SERPENT
roman

TERRES MYSTÉRIEUSES

TALBOT MUNDY

L'ŒUF DE JADE

ROMAN

TRADUIT DE L'ANGLAIS PAR
LOUIS POSTIF

TERRE de BRUME

2012

Retrouvez tout notre catalogue sur
www.terredebrume.com

•

•

•

ISBN 978-2-84362-469-8
Dépôt légal : février 2012

CHAPITRE PREMIER

Le Service secret

Il existe à Delhi, dans l'Inde, un club où l'on peut glaner les renseignements les plus divers et les moins exacts, provenant du Pamir ou du Turkestan, du Caucase ou de l'Arabie, aussi bien que de l'Inde, ce pot-pourri de races. C'est un bon club, de l'espèce qui meurt et ne se rend pas, assez confortable et renommé pour son curry. Il a contribué, plus qu'une douzaine d'institutions similaires, à établir l'empire et semer les rancunes. Aucune dame n'y est admise sous aucun prétexte ; les membres du club ne s'en vantent pas, mais sont fiers du fait que nul Indien, pas même un maharadjah, n'en a jamais franchi le seuil.

Le retour d'Ommony, après trois années passées dans la forêt, y produisit l'effet d'une ride rafraîchissante sur un calme qui commençait à devenir monotone. Depuis une semaine on en était réduit à des discussions politiques. La présence de Cottswold Ommony, le dernier des Forestiers d'ancienne garde, suscita des souvenirs et des conjectures.

– C'est son tour de passer à la guillotine ! Il se conduit trop bien depuis vingt ans pour que la nouvelle démocratie ne lui coupe pas le cou. Je vous parie ce que vous voudrez que son emploi sera donné à quelque *babou* * obèse.

– N'avez-vous pas entendu dire que le pauvre Willoughby a été tué par un tramway ? Ce vulgaire accident place Jenkins à la tête du service d'Ommony ; ils se haïssent mutuellement depuis le jour où Jenkins a rompu avec la sœur cadette d'Ommony, et où celui-ci a dit sa façon de penser. Cependant la jeune fille a eu relativement de la chance. Elle a épousé Terry. Elle est morte depuis, mais qui ne préférerait mourir tout de suite que de vivre avec Jenkins ?

Ommony, assis près d'un ventilateur électrique dans un coin du fumoir, savait fort bien que l'on parlait de lui, mais se souciait fort peu des commentaires. On en avait tant fait sur son compte depuis son arrivée dans l'Inde !

– Willoughby le tenait en trop haute estime, disait quelqu'un. Ommony, pas plus que n'importe quel homme au monde, ne saurait être pétri des merveilleuses qualités que lui attribuait son chef.

– Oh, Ommony n'est qu'un homme. Mais cette forêt, une vraie jungle quand il y fut envoyé, vous savez ce qu'il en a fait ? Montez sur un rocher et vous ne verrez que des arbres à perte de vue.

– Il n'est parbleu pas le seul original qui ait accompli de bonne besogne… Vous rappelez-vous Terry, le docteur en médecine qui épousa la sœur d'Ommony ? Un de ces fous délicieux qui sont en réalité trop sains d'esprit pour que nous autres pauvres mortels puissions les comprendre. Fou à lier, mais chirurgien d'une habileté consommée. Comme il distribuait tous ses honoraires aux mendiants, il était toujours à court d'argent — jusqu'au jour où il rencontra Marmaduke… Vous vous souvenez de Marmaduke ?

– Il est mort, n'est-ce pas ? C'est cet Américain qui avait doté une mission quelque part dans les montagnes ?

– Oui, à Tilgaun. Marmaduke était fou, lui aussi, mais doux comme un lever de soleil : un homme tranquille, qui

* Commis indigène parlant anglais.

jurait comme un troupier dès qu'on parlait religion. D'après ce que j'ai entendu dire, il avait fait fortune à Chicago en égorgeant des porcs. Il avait quitté l'Amérique, disait-on, pour échapper aux anciens de sa congrégation qui voulaient le faire enfermer dans un asile. La mission qu'il fonda à Tilgaun suscita dans le temps des commentaires sans fin. Vous devez vous rappeler cela. On écrivit des lettres au *Times*, et un archevêque souleva du tapage à la Chambre des Lords. Marmaduke soutenait cette théorie que le christianisme, dès lors que lui-même ne pouvait pas le comprendre, devait être encore moins compréhensible à des gens dont la croyance est un mélange de bouddhisme dégradé et d'adoration des démons. Aussi fonda-t-il une mission bouddhiste pour leur enseigner leur propre religion. Il persuada Jack Terry de lâcher le service pour devenir le médecin de la mission et enseigner l'hygiène à des gens du Spiti ou du Bhoutan. Autant prêcher la sécheresse à l'Atlantique ! Jack Terry épousa la sœur d'Ommony une semaine environ avant de partir pour Tilgaun, et aucun de nous ne les a jamais revus.

– Je me rappelle maintenant. Il y eut un scandale, un mystère qui défraya la chronique pendant une dizaine de jours.

– Je vous crois ! Terry et sa femme disparurent sans laisser de traces. Marmaduke, mis sur la sellette, ne put ou ne voulut donner aucune explication, et mourut au moment où les choses allaient se gâter pour lui. Alors on accorda à Ommony un congé illimité et on l'envoya à Tilgaun faire une enquête. Il y a de cela… oh ! vingt bonnes années. Ommony ne découvrit rien, ou, s'il découvrit quelque chose, il ne dit rien. Il s'y entend à ne rien dire, je vous prie de croire ! Mais une chose transpira : c'est que Marmaduke l'avait désigné comme l'un de ses exécuteurs testamentaires. Il y avait une coexécutrice, une Américaine à cheveux rouges, nommée Anna Sanburn, qui depuis dirige la mission. Et le troisième exécuteur testamentaire était un Thibétain. Personne n'avait jamais entendu parler de lui auparavant, et je ne connais pas un homme qui l'ait rencontré depuis ; mais je sais que c'est un lama de la secte Ringling Gelong ; j'ai entendu dire aussi qu'Ommony ne l'a jamais vu. Toute cette histoire est enveloppée de mystère. Ommony possède de l'influence. Vous avez remarqué, je suppose, qu'il obtient toujours ce qu'il veut. Si vous me demandez mon avis, il y a des chances pour qu'il anéantisse Jenkins le jour où cela lui plaira.

– C'est de notoriété publique. Quiconque convoite le scalp d'Ommony est sûr de trébucher sur le sentier de la guerre. Quel est le secret de cette influence ?

– Je n'en sais rien, et personne ne semble le savoir. Il y a l'argent de Marmaduke, naturellement. Ommony en administre une partie. L'influence d'Ommony est hors de toute proportion avec son emploi. Et j'ai entendu dire qu'il est au mieux avec tous les réfugiés politiques du nord qui se sont glissés dans le sud pour laisser passer les nuées d'orage pendant ces vingt dernières années.

Dans son coin, Ommony s'agitait. Sa mâchoire obstinée n'était qu'à moitié cachée par une barbe courte et grisonnante, et ses lèvres dénotaient de la mauvaise humeur. De toute évidence, il était mal disposé. Néanmoins, un quidam se prévalut d'une rencontre antérieure pour s'asseoir dans le fauteuil voisin du sien.

– J'ai vu votre grande chienne *wolfhound* qui vous attend à la porte de devant. Cela vous irait-il de me la vendre ?

La réserve d'Ommony se brisa. Il lui fallait absolument parler à quelqu'un.

– Moi, vendre cette chienne ! Elle représente la somme totale de vingt ans d'efforts… l'unique chose que j'ai faite.

L'inquisiteur se renversa dans son fauteuil, un peu pour cacher son propre visage, mais surtout pour voir celui d'Ommony sous un meilleur jour. Il suspectait les suites d'un coup de soleil ou de la fièvre paludéenne. Mais Ommony, une fois sorti de sa réserve, poursuivait :

– Je ne suppose pas que je sois bâti autrement que tout le monde : j'ai commis beaucoup d'erreurs, c'est vrai ; j'ai fait des choses que je regrette ; je me suis conduit comme un âne bâté quand j'en ai trouvé l'occasion ; mais j'ai travaillé bougrement dur. L'Inde a pris le meilleur de moi-même, et je ne le lui ai pas marchandé. Je ne le regrette pas non plus. Je recommencerais s'il le fallait. Mais il ne reste aucune trace de tout cela.

– Excepté une forêt. On me dit…

– Une forêt à moitié poussée, que s'empresseront de massacrer les avariés de la politique ; un ou deux milliers de villageois à qui ces mêmes politiciens enseignent présentement la non-valeur de tout ce qu'ils ont appris de moi ; une santé délabrée, et… cette chienne-là. Voilà tout ce qu'il subsiste de vingt années de travail. Je puis maintenant comprendre les sentiments d'un missionnaire qui voit son troupeau se retourner contre lui. Je suis un raté… nous sommes tous des ratés. Le monde va nous tomber en morceaux entre les mains. Le dressage de cette chienne, voilà tout ce que je peux sincèrement proclamer comme un succès.
L'inquisiteur perdit son enthousiasme. Il n'aimait pas les exaltés. Il se retira dans un coin et se mit à observer par-dessus son journal. Un autre, de connaissance un peu moins superficielle, se laissa tomber dans le fauteuil vide, et fut accueilli d'un signe de tête.

– Vous avez été si longtemps absent que vous devez voir les choses sous un nouveau jour, Ommony. Croyez-vous que l'Inde soit en train de se démolir?

– Voilà vingt ans que j'en suis sûr.

– Dans combien de temps devons-nous déménager?

– Le plus tôt sera le mieux!

– Pour nous?

– Je veux dire pour l'Inde.

– Je vous aurais cru le dernier à affirmer une chose pareille. Vous avez fourni votre bonne part, et métamorphosé, m'a-t-on dit, un désert en une forêt splendide. Voulez-vous donc la voir abattre, voir gaspiller tout le bois, et…

Ommony tira sa montre et en tapotant le cadran.

– Je l'ai fait nettoyer et réparer dernièrement, remarqua-t-il. Le bijoutier m'a demandé un bon prix, mais une fois la note réglée, il n'a pas eu le toupet de garder ma montre, de peur que je ne l'abîme de nouveau. L'Inde a parfaitement le droit d'aller au diable comme bon lui semble. La chirurgie et l'hygiène sont de bonnes choses, mais je ne crois pas qu'il soit fameux d'être gouverné par des médecins. Nettoyer les pays corrompus est une action méritoire ; y rester après qu'on nous a priés d'en sortir, c'est faire preuve de mauvaises manières, ce qui est pire que d'enfreindre les dix commandements. En outre, nous ne sommes pas très malins, sans quoi nous aurions fait mieux.

– Vous croyez l'Inde mûre pour se gouverner elle-même ?

– Quand les fruits sont mûrs, ils tombent ou pourrissent sur l'arbre, dit Ommony. Il y a un temps pour les laisser pousser tranquillement. L'excès de soins ne vaut rien.

– Alors vous consentiriez à envoyer promener votre métier de forestier ?

– Je l'ai envoyé promener.

– Quoi, vous avez donné votre démission, vous prenez votre retraite ?

– Je n'en ai pas besoin. L'Inde a pu m'employer pendant vingt-trois ans à un prix raisonnable. Je serais satisfait si elle-même l'était. Mais elle ne l'est pas, et moi je suis fier. Le diable m'emporte si j'accepte une pension !

Ommony se trouva seul encore une fois. La nouvelle de sa démission était trop précieuse pour être gardée. En moins de cinq minutes elle se répandait dans tout le club, et des hypothèses s'échafaudaient sur la véritable raison de cette décision.

– Jenkins a succédé à Willoughby. Ommony sait diantrement bien ce que Jenkins lui aurait réservé. Il a devancé l'avalanche, voilà tout.

– Je n'en crois rien ; Ommony possède assez de nerf et d'influence pour acheter une dizaine de Jenkins. Il y a autre chose là-dessous. Jamais Ommony n'eut son pareil pour dissimuler des secrets dans sa manche. Vous savez qu'il appartient au Service Secret ?

– Facile à dire, mais qui le prouve ?

– Croyez-le ou ne le croyez pas, je parie qu'il va rester dans l'Inde. Je parie qu'il mourra sous le harnais. Je parie n'importe quelle somme raisonnable qu'en sortant d'ici il se fera conduire droit à la Sûreté, au bureau de MacGregor. J'irai plus loin : je parie que MacGregor l'a envoyé chercher, et qu'il n'a donné sa démission du Service Forestier qu'après cette entrevue. Il est profond, cet Ommony, très profond : il n'est le jouet de personne. Nul autre au monde que MacGregor ne sait ce que va faire maintenant Ommony. Qui veut parier avec moi ?

Ommony se rendit en effet droit chez MacGregor avec sa grosse chienne Diane.

Au moment où après avoir franchi l'escalier et un long corridor, il arrivait devant une porte sans plaque tout au fond du bâtiment, le *chouprassi** l'avait déjà précédé et annoncé et avait fait sortir un visiteur par une autre issue. Il s'inclina devant Ommony comme un adorateur de secrets peut s'incliner devant un homme qui en connaît des tas et sait les garder.

Sans autre cérémonie, la porte se referma doucement et automatiquement sur le monde des saluts conventionnels. Un homme assis devant un bureau grimaça un sourire.

– Asseyez-vous. Fumez. Ôtez votre paletot. Le soleil dans les yeux ? Prenez l'autre chaise. Votre chienne a soif ? Donnez-lui de l'eau du filtre.

John MacGregor lui passa une boîte de cigares et s'assit le dos tourné à la table chargée de paperasses. C'était un homme de taille moyenne et d'âge mûr, avec une épaisse chevelure d'un blanc de neige qui, coupée moins court, eût été frisée. Sa moustache blanche le faisait paraître plus vieux que son âge, mais le teint jeune et rose contrastait avec la patte-d'oie au coin des yeux gris foncé. Ses mains semblaient celles d'un prestidigitateur ; il pouvait en faire ce qu'il voulait, et même les tenir parfaitement tranquilles.

– Ainsi vous avez définitivement donné votre démission ? Nous faisons des progrès ! remarqua-t-il en riant. Que s'est-il passé dans votre entrevue avec Jenkins ? Je vois que vous avez eu le dessus : mais comment ?

Ommony posa sur le bureau trois lettres d'une écriture féminine, à l'encre rouge, sur papier jauni. MacGregor eut un

* Portier en uniforme.

éclat de rire pareil à un aboiement ou au cri du renard flairant sa proie dans une saute de vent.

– Parfait ! remarqua-t-il, ramassant les lettres et commençant à lire celle du dessus. Vous les lui avez extorquées ?

– Oui.

– J'aurais pu vous épargner cette peine, vous savez. J'aurais pu le briser comme verre. Il le mériterait, dit MacGregor en continuant à lire et fronçant le sourcil. Vous les avez lues ? demanda-t-il soudain.

Ommony fit un signe affirmatif. Il venait de choisir un cigare et d'en couper le bout. MacGregor se mordit la moustache et grinça des dents, ce qui fit instantanément dresser les oreilles à Diane.

– C'est pitoyable ! Écoutez cela…

– Ne les lisez pas à haute voix, Mac. Ce serait un sacrilège, et j'ai les nerfs à vif. La chose arriva par ma faute, en partie tout au moins. Elsa n'était pas beaucoup plus jeune que moi, mais dès notre enfance nous étions plutôt comme père et fille que comme frère et sœur. Tout enfant, elle inclinait déjà au mysticisme. Elle avait la spiritualité et l'intelligence ; je possédais la force brutale et l'on m'attribuait du sens commun ; le tout produisait une combinaison assez heureuse. Dès que je fus installé dans la forêt, j'écrivis chez moi pour la prier de venir tenir ma maison. En ce temps-là j'avais confiance en Jenkins. C'est moi qui les présentai l'un à l'autre ; et Jenkins lui fit connaître Kananda Pal.

– Ce pourceau !

– Moins pourceau que Jenkins lui-même, dit Ommony. Kananda Pal était un pauvre bougre né dans une famille de sorciers noirs et qui ne connaissait guère la vie. Son père lui avait enseigné à lire dans les taches d'encre, à se battre avec des larves et autres diableries de ce genre. D'autre part, Jenkins avait fait un héritage convenable, qu'il jetait à tous les vents. Ce fut lui qui engagea Kananda Pal à hypnotiser Elsa. Entre eux deux ils firent une besogne diabolique, la rendirent presque folle, et Jenkins eut l'atroce impudence de prendre ce prétexte pour rompre son engagement.

– Pauvre ami ! Mais pensez à ce qu'aurait été sa vie avec un mari pareil !

– C'est vrai. Mais admirez d'autre part le cynisme d'une pareille excuse ! Je fis venir Fred Terry…

– Charmant garçon, aussi généreux que brave, et gai compagnon ! Est-ce que réellement il s'éprit d'elle ?

– Oui. Il la guérit ou à peu près et en devint amoureux. Elle l'aima ; je ne vois pas comment une femme aurait pu s'en empêcher.

– Mais comment avez-vous entendu parler de ces lettres ?

– J'ai vu Kananda Pal avant sa mort, tout dernièrement. Il regrettait fort son rôle dans cette affaire, et essayait d'en rejeter tout le blâme sur Jenkins. Vous savez comment ces coquins s'accusent toujours entre eux une fois le pot aux roses découvert. C'est lui qui m'a parlé de ces lettres. Hier je suis allé trouver Jenkins. Ayant donné ma démission, je pouvais me permettre d'être un peu brusque : je l'ai été beaucoup. Il a commencé par nier leur existence, mais il me les a abandonnées quand je lui ai expliqué mes intentions s'il ne s'exécutait pas.

– Je me demande pourquoi il les conservait ? dit MacGregor.

– Pour prouver qu'elle était folle, si jamais on l'accusait de s'être mal conduit envers elle, répondit Ommony. Ces lettres semblent-elles écrites par une folle ?

– Elles sont pitoyables, cher ami ! Bonté divine ! Quelle abominable période a dû passer Fred Terry !

– Il a presque réussi à la guérir, dit Ommony. Les attaques étaient devenues intermittentes. Ils entendirent parler d'un lieu saint dans la montagne, une sorte de Lourdes de l'Himalaya, et ils partirent ensemble, voilà vingt ans, pour découvrir ce sanctuaire. Je n'ai jamais retrouvé d'eux la moindre trace, mais j'ai recueilli certaines rumeurs, et j'ai toujours cru qu'ils avaient disparu dans la région d'Abor.

– Où ils auront été probablement crucifiés ! ajouta tristement MacGregor.

– Je n'en suis pas si sûr que cela, dit Ommony. J'ai entendu raconter des histoires au sujet de certaines pierres mystérieuses du pays d'Abor à laquelle on attribue des propriétés magiques. Terry a dû en entendre parler, et il était tout à fait homme à aller chercher cette merveille. J'ai entendu dire aussi que les « Maîtres » vivent dans cette vallée d'Abor.

MacGregor secoua la tête en souriant :

– Bah ! Vous pincez encore de cette vieille guitare ?

– On peut avec la plus grande modération évaluer à une centaine de millions d'hommes le nombre de ceux qui croient à l'existence des Maîtres, et sur ce nombre il y a un million de penseurs, répliqua Ommony. S'ils existent, et s'ils habitent la vallée d'Arbor, je me propose de le prouver.

Le sourire de MacGregor s'accentua.

– Des gens doués d'une sagesse comme celle qu'on leur attribue ne seraient pas en peine pour demeurer introuvables. Mon vieil Ommony, vous êtes un songe-creux avec vos Maîtres. Cependant il peut y avoir quelque chose dans cette autre rumeur dont vous parliez. À propos, qui donc est la fille adoptive de Miss Sanburn ?

– Je n'en ai jamais entendu parler.

– Vous êtes un des administrateurs de la mission Marmaduke, n'est-ce pas ? Vous connaissez intimement Miss Sanburn. Quand l'avez-vous vue pour la dernière fois ?

– Voilà un an. Elle vient à Delhi une fois l'an pour causer avec moi des affaires de la mission. Je pousse une pointe à Tilgaun tous les trois ans. Je dois y aller incessamment.

– Et vous n'avez jamais entendu parler d'une fille adoptive ? Alors écoutez ceci.

MacGregor prit un dossier et en tira une lettre écrite en anglais sur du papier réglé à bon marché.

– Ceci provient du N° 888, le Sirdar Sirché Sing de Tilgaun, inscrit sur le registre secret bien avant son arrivée :

> *Le N° 888 au N° 1.* — Important. *Miss Sanburn de Mission voisine s'est procuré par moyens ignorés fragment de jade cristallin cassé à époque très reculée dans lieu inconnu et passant pour posséder qualités mystérieuses. La fille adoptive de Miss Sanburn* — vous

entendez? — *ayant intention de le rendre en a été empêchée par vol du fragment. Voleuse subséquemment assassinée par précipitation dans un gouffre, après quoi fragment disparu entièrement. Recherche du fragment actuellement poursuivie par individus anonymes. S'il n'est recouvré promptement et secrètement, ai lieu de croire qu'il en résultera ennuis sérieux. La fille adoptive de Miss Sanburn* — vous entendez encore? — *a disparu. Je conseille beaucoup de précautions pour ne pas éveiller curiosité publique.* 888.

– Que pensez-vous de cela? demanda MacGregor.

– Rien du tout. Je n'ai jamais entendu parler d'une fille adoptive.

– Alors que pensez-vous de ceci?

MacGregor plongea la main gauche dans un tiroir de son bureau et tendit à Ommony un objet qui étincela au soleil. C'était une pierre, de deux pouces au maximum dans sa plus grande épaisseur, et un peu plus large que la paume de la main, d'une transparence telle qu'il pouvait voir ses doigts au travers et d'un vert presque fabuleux, couleur de mer sur fond de sable. L'un des côtés, arrondi et parfaitement poli, donnait au toucher l'impression du savon humide; l'autre côté présentait une surface presque plane, mais légèrement irrégulière, comme si le fragment avait été violemment détaché d'un autre morceau.

– Cela ressemble à du jade, dit Ommony.

– C'en est. Mais avez-vous jamais vu du jade pareil à celui-ci? Présentez-le à la lumière.

On n'y voyait pas un défaut. Le soleil brillait comme à travers du verre, sauf que si l'on remuait la pierre il s'y produisait une ombre vague, le plan de la brisure dérangeait sans doute les rayons lumineux.

– Continuez à regarder, dit MacGregor, qui l'observait.

– Non merci!

Ommony posa la pierre sur son genou et fixa délibérément l'un après l'autre les objets garnissant la chambre.

– J'éprouve une révolte instinctive devant ces affaires-là.

– Vous reconnaissez les symptômes?

– Oui. Il y a dans la crypte d'un temple en ruines, près de Darjeeling, une sphère de granit noir poli qui produit des effets analogues quand on la regarde fixement. J'ai entendu dire que la Ka'aba de La Mecque possède la même propriété, mais je n'ai pu vérifier cette assertion.

– Mettez cette pierre dans votre poche, dit MacGregor. Gardez-la un jour ou deux. C'est le fragment qui manque à Tilgaun, et vous découvrirez qu'elle possède bien des propriétés particulières. Parlez-en à Chutter Chand, il pourra vous dire des choses intéressantes qu'il a essayé de m'expliquer, mais qui me dépassent… Le Service Secret tue l'imagination. Je vis dans un capharnaüm de statistiques et de cartes-index qui momifierait une sibylle. Malgré tout, je suppose que ce morceau de jade vous aidera à retrouver la trace des Terry; et si vous osez vous introduire dans le pays d'Abor…

– Comment cette pierre vous est-elle tombée entre les mains? demanda Ommony.

– J'avais envoyé C. 99, c'est-à-dire Tin Lal, à Tilgaun où l'on parlait de troubles possibles. Tin Lal est un brave homme, bien que coquin de premier ordre. Il revint et fit son rapport. Tout était tranquille à Tilgaun: les meurtres provenaient de simples haines de famille. Mais il porta ce morceau de jade à Chutter Chand, le marchand d'antiquités, et offrit de le lui vendre en racontant une histoire à dormir debout. Chutter Chand l'amusa, garda la pierre sous prétexte d'expertise, et me l'apporta. Je fis mettre Tin Lal sous les verrous pour une année — non, pas à cause de la pierre. Il avait commis bien d'autres crimes, et j'en choisis un tout petit, simplement pour le discipliner. Mais voici la chose intéressante: ou bien Tin Lal bavarda en prison, ou il était filé depuis Tilgaun. De toute façon, quelqu'un suivit le morceau de jade à la piste jusqu'à mon bureau. J'ai reçu à ce sujet une lettre anonyme, intéressante et méritant l'attention. Vous remarquerez que l'écriture dénote une femme cultivée. Lisez-la vous-même.

Il passa à Ommony un tube d'argent délicieusement ouvragé, fermé d'une capsule à chaque bout, et entièrement couvert de dessins qui, s'ils n'étaient merveilleusement imités, dataient de plusieurs siècles et appartenaient à la période la plus belle et la plus pure de l'art bouddhiste. Ommony enleva une des capsules et fit tomber une longue feuille de papier anglais d'excellente qualité, épais, couleur d'ivoire et parfumé d'une sorte d'encens très fort ; ni date, ni adresse, ni d'autre signature qu'un cryptogramme particulier, ressemblant assez à des caractères chinois simplifiés. L'écriture, resserrée au milieu de la page, avait été tracée avec une fine plume d'acier.

> *La pierre apportée de Tilgaun par Tin Lal et offerte pour vente à Chutter Chand est une chose dont nul homme d'honneur ne voudrait frustrer ses véritables propriétaires. Il y a du mérite dans une bonne action, et décuple est la récompense de celui qui agit avec justice sans penser à la rétribution. Il y a des secrets malsains à scruter. Il y a de la lumière trop brillante pour être regardée. Il y a des vérités trop vraies pour être dites. Si vous voulez bien changer la couleur de l'écharpe du chouprassi à la porte de devant, quelqu'un se présentera à vous, à qui vous pourrez rendre la pierre avec l'assurance absolue qu'elle reviendra à ses légitimes possesseurs. Honnêteté et bonheur marchent ensemble. La vérité vient, non pas à l'homme curieux, mais à celui qui agit adroitement et s'en remet du résultat au destin.*

Ommony examina minutieusement l'écriture, flaira le papier, le tint au jour, puis ramassa le tube et l'inspecta avec le même soin.

– Qui apporta cet objet ? demanda-t-il.

– Je n'en sais rien. Il fut remis au *chouprassi* par un indigène qui lui fit effet d'être déguisé.

– Avez-vous essayé de faire changer d'écharpe au *chouprassi ?*

– Naturellement. Un sourd-muet s'est présenté, qui ressemblait à un Thibétain. Il s'est approché du *chouprassi* et a touché son écharpe, et le *chouprassi* me l'a amené. Il était certainement sourd et muet : sourd comme un pot, et il lui manquait la moitié de la langue. On lui avait crevé les tympans, probablement dans son enfance. Je lui montrai la pierre et il essaya de me la prendre. Je dus le faire jeter à la porte du bureau, et naturellement je le fis suivre ; mais il disparut entièrement, après avoir erré sans but jusqu'à minuit. J'ai recommandé à mes hommes d'ouvrir l'œil, mais il semble s'être volatilisé sans laisser de traces.

– Quelles conclusions avez-vous déduites ?

– Je n'en déduis jamais, Ommony. Dans mon métier, les choses doivent s'ajuster sans le moindre accroc avant qu'on puisse les considérer comme prouvées. Mais on est obligé d'échafauder des théories provisoires, des hypothèses temporaires, quitte à les rejeter dès qu'elles ne s'accordent plus avec les faits nouveaux. C'est presque certainement une jeune femme qui a écrit cette lettre : la fille adoptive de Miss Sanburn…

– À l'existence de laquelle je ne crois pas, déclara Ommony.

– Le N° 888, qui a toujours été digne de foi, rapporte sa disparition. Si jamais elle a existé, elle a disparu de Tilgaun. La pierre vient indiscutablement de Tilgaun et semble avoir été en la possession de Miss Sanburn à la mission. Donc — à titre d'hypothèse — la fille adoptive de Miss Sanburn peut avoir écrit cette lettre. S'il en est ainsi, elle est à Delhi, car l'encre n'était pas sèche depuis plus d'une heure ou deux quand ce papier me fut remis.

– Avez-vous perquisitionné dans les hôtels ?

– Oui. Et j'ai essayé de découvrir si quelque personne valant une enquête était récemment arrivée de Kalka par le chemin de fer. Mais c'était impossible. Maintenant les trains sont surveillés, et si elle essaye de filer vers le nord elle sera pistée.

– Je serais curieux de rencontrer la fille adoptive d'Anna Sanburn, déclara sèchement Ommony. Je connais Anna depuis mon arrivée dans l'Inde, voilà plus de vingt ans. Je suis coadministrateur avec elle depuis la mort de Marmaduke, et je ne crois pas qu'elle ait jamais eu le moindre secret pour moi. Au contraire, elle me demandait toujours de l'aider à résoudre ses problèmes intimes les plus embarrassants. S'il y avait une fille adoptive ou n'importe quel genre de complications dans sa vie, je crois que je le saurais.

– Les femmes sont diantrement compliquées, répondit MacGregor. En résumé, nous n'avons pas grand-chose comme point de départ. Je vous confie cette pierre. Si vous persévérez à vouloir pénétrer dans le pays d'Abor, je ferai tout ce que je pourrai pour vous aider. Vous avez une bonne excuse pour essayer, et, en outre, vous êtes célibataire. Le diable m'emporte, si je l'étais aussi, je partirais avec vous. Naturellement, vous comprenez que si le Département d'État a vent de l'affaire, vous serez circonvenu et ramené.

« Vous rendez-vous compte des autres difficultés? C'est Swen Hedin, dit-on, qui a fait la dernière tentative pour traverser cette région, en venant du nord. Il a échoué. Dans les cent dernières années, une douzaine d'Européens se sont lancés dans l'entreprise. Plusieurs sont morts, aucun n'a passé, à moins que Terry et votre sœur n'aient réussi; et, dans ce cas, il est plus que probable qu'ils sont morts eux aussi.

« Si donc vous êtes décidé à tenter l'épreuve, mon vieux, il faudra vous glisser en tapinois et ne pas laisser votre courage derrière vous. Vous avez heureusement un motif valable pour visiter Tilgaun, sans quoi je ne verrais pour vous aucune chance de succès; mais il se peut que vous vous en tiriez, à condition que votre départ soit entouré d'un secret absolu. Si jamais on s'apercevait que je vous ai encouragé…

– Voilà un bon quart d'heure que vous vous évertuez à me décourager. Mais soyez tranquille là-dessus. Pourquoi disiez-vous tout à l'heure qu'à votre avis cette pierre m'aiderait à retrouver les Terry?

– Je ne pensais à rien de défini, sinon que cela me donne un prétexte pour vous envoyer à Tilgaun en mission plus ou moins officielle. Je vous charge de faire une enquête sur le mystère se rattachant à cette pierre. Jusqu'à Tilgaun je suis responsable de vous ; au-delà il faut me mettre à l'écart. Vous comprenez ? Je vous ordonne de revenir tout droit de Tilgaun ici. Au cas où vous désobéiriez, c'est à vos risques et périls, sans que le sache officiellement. Et j'ai bien peur, mon vieux, que vous soyez obligé de payer vos propres dépenses.

Ommony fit un signe d'intelligence.

– Très bien, dit MacGregor. Je vous donnerai une lettre pour le N° 888, dont l'aide, je crois, vous sera efficace. En attendant, voyez Chutter Chand et venez dîner avec moi ce soir, pas au club, cela susciterait toutes sortes de bavardages, mettons chez Mme Campbell — son mari est absent, mais cela ne fait rien. C'est la seule femme à qui j'aie jamais osé confier des secrets. Laissez-moi le soin de vous faire inviter. Cela vous va-t-il ?

– J'y serai à neuf heures, dit Ommony qui, remarquant une certaine gêne dans le sourire de MacGregor, lui demanda :

– C'est encore à propos des Maîtres que vous riez ?

– Ma foi non, je les avais oubliés, ce qui, d'ailleurs, n'implique pas leur existence.

– À quel propos riez-vous donc ?

– Je vous le dirai après dîner, ou plutôt quelqu'un d'autre vous le dira. Je me demande si vous rirez vous aussi, ou si vous ferez la grimace. Courez vous entretenir avec Chutter Chand !

CHAPITRE II

LE LAMA ET SON CHÉLA

La boutique de Chutter Chand, dans la Chandni Chowk, est un chaos de joyeuses surprises pour les gens qui aiment la vie moisie et assortie.

Chutter Chand reste invisible dans une pièce du fond, d'où il ne sort que dans les circonstances extraordinaires. En l'occasion actuelle, il avait des raisons particulières de se tenir à l'arrière-plan, comme le suggérait la présence d'un « constable spécial » posté dehors près de la porte du magasin, et qui observa d'un œil inquiet l'entrée d'Ommony. Celui-ci alla droit à la salle du fond et trouva Chutter Chand assis à son bureau ; c'était un petit homme ratatiné et propre, coiffé d'un turban de soie jaune et vêtu d'un costume d'alpaga brun de coupe anglaise.

À la différence d'un grand nombre des Indiens qui s'habillent à l'européenne, il avait l'air posé, distingué et bien élevé.

– Il se passe toujours quelque chose d'intéressant quand vous venez me voir, Ommony, dit-il en se levant pour lui serrer la main. Attendez que je débarrasse cette chaise de ses échantillons. Là, asseyez-vous! Vous devez être bondé de nouvelles, sans quoi vous m'auriez demandé des miennes. Merci, je vais bien. Et vous? Maintenant, causons affaires.

Cette ironie fit sourire Ommony, mais il avait sa façon de procéder. Il alluma un cigare et promena ses regards sur l'étrange assortiment qui l'entourait. Enfin, toujours sans rien dire, il sortit de sa poche le morceau de jade.

– Oui, dit Chutter Chand, je l'ai déjà vu.

Mais il ôta ses lunettes d'or et les essuya, comme s'il avait hâte de le regarder de nouveau.

– Que savez-vous à propos de cet objet? demanda Ommony.

– Bien peu de chose, sahib! Il n'est que trop facile de faire cristalliser une hypothèse en erreur. J'aime mieux discerner entre les certitudes et les conjectures.

– Très bien: dites-moi le peu que vous savez.

– C'est indubitablement du jade, mais je n'en ai jamais vu d'exactement pareil, moi qui ai étudié toutes les espèces connues de pierres précieuses ou rares. Le fragment que vous tenez à la main est du chloro-mélanite, un silicate d'alumine et de soude, avec du peroxyde de fer, du peroxyde de manganèse et de la potasse. Il est plus fusible que la néphrite, espèce de jade plus commune; et il a pour poids spécifique 3,3. Je déduis de la courbure d'une des faces et de la forme de fracture de l'autre, que ce fragment a été séparé par un choc violent d'un morceau beaucoup plus volumineux, d'un ellipsoïde ayant un grand axe de dix-sept pieds. Ce serait une énorme masse de jade pesant un nombre respectable de tonnes, et, si le tout est aussi parfait que cette partie, une merveille inconnue de nos jours.

– Savez-vous positivement autre chose?

– Savoir positivement est la seule manière de savoir, répondit le bijoutier, plissant son visage au point de ressembler à un Chinois. Il y avait du sang sur la cassure, une tache qui paraissait avoir été sommairement nettoyée avant d'être tout à fait sèche. J'y ai relevé aussi l'empreinte d'un pouce et d'un index de femme, nettement visible au microscope, et plusieurs autres empreintes évidemment laissées par Tin Lal. Enfin la pierre s'était trouvée en contact avec une substance grasse, probablement du beurre, mais il y en avait trop peu pour qu'on pût en être sûr. Je sais, en outre, Ommony, que cette pierre vous fait peur, parce que son contact vous rend nerveux et qu'en fixant vos regards dedans vous y voyez des choses que vous ne pouvez pas expliquer.

Ommony se mit à rire : la pierre le rendait effectivement nerveux.

– Et vous, en avez-vous peur ? Y voyez-vous des choses inexplicables ? demanda-t-il en déposant la pierre sur le bureau.

– Qu'est-ce que la peur ? interrogea le bijoutier. N'est-ce point la reconnaissance de quelque chose que nos sens ne peuvent comprendre ni par conséquent dominer ? Jadis les gens avaient peur des éclipses totales ; ils les redoutent encore. Imaginez, si vous le pouvez, ce qu'auraient pensé Jules César, Alexandre le Grand, Tamerlan ou Akbar d'un appareil photographique, d'un télescope de trente-six pouces ou de la T.S.F. Regardez maintenant dans la pierre, sahib, et dites-moi ce que vous y verrez.

– Non merci, dit Ommony. J'y ai regardé deux fois. Regardez-y à votre tour.

Chutter Chand prit la pierre à deux mains et l'exposa au jour tombant d'une fenêtre. Elle étincelait comme remplie d'un feu vert liquide, et, néanmoins, à plus de dix pieds de distance, Ommony pouvait distinguer au travers les lignes de la main du bijoutier.

Celui-ci fronça les sourcils, le droit plus que le gauche, selon la coutume des gens habitués au microscope. Deux ou trois fois il détourna ses regards et cligna les yeux avant de les reporter sur la pierre. Enfin il reposa celle-ci sur le bureau et essuya machinalement ses lunettes.

– Nos sens, dit-il, sont bien plus dignes de confiance que le cerveau qui les interprète. Essayez de me décrire les sensations que vous avez éprouvées en regardant là-dedans.

– Une sorte de rafale cérébrale, dit Ommony. Une ruée de pensées sans rapport apparent les unes avec les autres ;

quelque chose d'analogue à une conversation sur la politique moderne, ou à ce qu'on entend en découvrant la T.S.F., quand il se produit des quantités d'interférences; mais la sensation est plus exaspérante, plus personnelle, plus intime, pour ainsi dire.

Chutter Chand acquiesça de la tête.

– Pouvez-vous décrire ces pensées, Ommony? Prennent-elles forme de mots?

– Non, elles prennent forme de tableaux, mais de tableaux d'un genre que je n'ai jamais vu en rêve, et plutôt horribles. Ils semblent signifier quelque chose, mais l'esprit ne peut en saisir le sens. Ils s'interrompent soudainement, ne commencent nulle part et ne finissent nulle part.

Chutter Chand fit un nouveau signe d'approbation.

– Nos expériences concordent. Remarquez que la pierre est brisée; elle aussi ne commence et ne finit nulle part. Par quel prodige de construction atomique a-t-elle acquis de si remarquables qualités?

«Vous avez vu confectionner un pudding? Le cuisinier le plus sot du monde peut verser des ingrédients dans un récipient et les mélanger en les délayant jusqu'à ce qu'ils forment un composé entièrement différent de chacun des éléments composants. Il fait cuire ce qu'il a mêlé et... l'idiot a opéré un miracle.

«Supposons que nous soyons capables de verser des électrons dans un récipient et d'en faire en quelque sorte un pudding! N'accomplirions-nous pas alors des choses que le monde appellerait des miracles? J'ai fabriqué du diamant dans mon atelier. Je me crois capable de faire de l'or. Que ne pourrais-je faire maintenant si je savais manier les électrons à l'état naturel, ces électrons dont chacun possède la capacité de devenir absolument n'importe quoi? C'est une idée qui peut-être ne vous est jamais venue à l'esprit, Ommony, mais plus je poursuis mes études, plus je suis convaincu qu'il a existé une race dans le monde, ou peut-être une école de savants provenant de diverses races vivantes, et sachant manier les électrons. Un peu de patience, Ommony. J'arrive au point où je voulais en venir. J'ai étudié ce morceau de jade : je lui ai consacré trois jours pleins et trois nuits blanches. Ses propriétés particulières me semblent confirmer certaines observations micro-photographiques que j'ai poursuivies pendant une dizaine d'années. Dans son essence, qu'est-ce que la photographie ? C'est l'art de rendre visible à l'œil humain, au moyen de substances chimiques, des impressions d'objets, produites par la lumière sur une surface préparée à cet effet. Il est nécessaire de préparer la surface, plaque sèche ou pellicule, parce que nous ne connaissons pas d'autre moyen de rendre visible l'impression produite par la lumière. Cette impression est là pourtant, que nous la rendions visible ou non. Et voici ce que j'ai découvert : c'est que toute particule matérielle possède une qualité photographique, variable seulement en degré. Vous vous appuyez contre un rocher, et il n'est pas nécessaire que ce soit en plein soleil, bien que la lumière solaire favorise le phénomène ; votre impression est photographiée de façon indélébile sur ce rocher. Elle est photographiée sur n'importe quel objet contre lequel vous vous tenez ; et je pourrai vous le prouver quand vous aurez le temps d'assister à certaines expériences. D'autres images peuvent se superposer à la vôtre, mais celle-ci demeure. Dans de rares circonstances, sous certaines conditions atmosphériques, ces impressions deviennent visibles sans autre opération chimique, mais un certain état nerveux de sensibilité semble nécessaire pour que l'œil humain puisse les percevoir. Ainsi, prenons ce morceau de jade : en regardant dedans nous y voyons mille choses. J'en déduis qu'elles sont de nature photographique. Et comme je ne connais nulle autre pierre possédant la même propriété de recevoir des impressions instantanément visibles, il me paraît probable que celle-ci a été traitée par quelqu'un qui savait comment s'y prendre.

– Ce pourrait être un procédé chimique naturel dit Ommony.

– Je ne crois pas. Avez-vous remarqué que les étranges et mouvantes images visibles à l'intérieur de la pierre ne sont pas des reflets d'objets ? La pierre n'est pas un miroir au sens ordinaire du mot. Elle ne semble pas refléter tout ce qui l'entoure. Je n'ai jamais réussi à y voir mon visage, par exemple, bien que j'aie essayé plusieurs fois, sous toutes sortes d'éclairage et sous des angles divers. Elle me paraît refléter de la pensée!

Ommony fit entendre entre la langue et les dents ce sifflement particulier qui exprime un scepticisme poli mais absolu. Chutter Chand, absorbé par son sujet, ne parut point le remarquer.

– Je crois qu'elle reflète du caractère! Je crois que quelqu'un qui savait manipuler les électrons a traité cette pierre de telle façon qu'elle reproduit la totalité de ce qu'un homme a pensé depuis sa naissance. Je crois que cette opération a été faite à une époque très reculée, et en voici la raison: si quelqu'un possédant tant de science et d'habileté vivait actuellement dans le monde, son intelligence s'imprimerait sur la nôtre par son ardeur, de sorte que nous ne pourrions nous empêcher de le connaître. Je suis d'avis que le procédé auquel a été soumis le jade l'a rendu en même temps transparent, car il n'est pas dans la nature du jade d'être tout à fait translucide à l'état normal. Et dans mon esprit tout cela se rattache à ce fait connu dans le domaine public, que les Chinois — race très ancienne —, considèrent le jade comme une pierre sacrée. Pourquoi? Ne serait-ce pas que le jade se prête tout particulièrement au traitement en question, et que le vague souvenir de cette propriété persiste, bien que cette science soit oubliée?

– Vous possédez une belle imagination! dit Ommony.

– Et qu'est-ce que l'imagination, sinon un pont entre le connu et l'inconnu, entre les royaumes inexplorés de la vérité et ce qu'il est convenu d'appeler la science? Et vous, Ommonoy, n'avez-vous pas d'imagination? Si vous me demandez ce que je sais, je me bornerai au poids de la pierre, à sa couleur, à sa composition et ainsi de suite; mais si vous me demandez les hypothèses que suscite en moi l'étude de cette pierre, je lâche la bride mon imagination, je lui permets de relier mes faibles connaissances à l'inépuisable royaume des possibilités — comme un musicien, par exemple, capture une mélodie et l'apporte sur terre. La mélodie était possible, mais il a fallu de l'imagination pour la découvrir. L'électricité était possible voilà un millier d'années, mais jusqu'au jour où l'imagination a fait entrevoir sa possibilité, qui en a possédé l'usage ?

Ommony remit la pierre dans sa poche. Il était intéressé et éprouvait une vive sympathie pour Chutter Chand, mais il venait de se dire qu'il perdait son temps.

– Évidemment, déclara-t-il, vous avez raison de dire que nous devons imaginer une chose avant de pouvoir commencer à la comprendre, à la produire ou à la faire.

– Sûrement. Vous avez imaginé votre forêt, Ommony, avant de la planter. Mais entre l'imagination et la production le travail doit intervenir. Je crois que vous aurez à travailler dur. Voyez-vous, ce qu'il ne peut comprendre, l'Occident s'en moque, tandis que l'Orient le considère comme sacré et le défend contre tout venant. Je crois que vous aurez à pénétrer un secret préservé pendant des milliers d'années. On affirme l'existence de Maîtres qui gardent les secrets et en laissent échapper un tout petit de temps à autre. Puissent les aïeux à qui vous donnez vos suffrages se montrer reconnaissants de votre loyauté et vous venir en aide ! J'aimerais à courir l'aventure avec vous, mais je suis père de famille. J'ai peur. Je ne suis pas fort. Cette pierre m'a bouleversé.

– Si vous voulez, je vous la laisserai pour que vous fassiez de nouvelles expériences, proposa Ommony.

– Sahib, mon ami, je ne voudrais pas la conserver chez moi pour la rançon d'un rajah ! On l'a suivie jusqu'ici : comment ? je n'en sais rien. Vous avez remarqué le policeman à la porte ? Il est posté là pour arrêter les assassins. Un bandit s'est présenté ici, un montagnard, un coupe-jarret qui a déclaré venir de Spiti, un grand sauvage armé d'un *tulwar* à dents de scie. Brrr ! Il a réclamé la pierre. Il a demandé à savoir où elle était. Heureusement mon magasin était plein de clients, et je lui ai promis de reprendre la pierre à l'homme qui la détenait actuellement, sans quoi il m'aurait pourfendu ! Il m'en a menacé. J'ai toujours peur qu'il ne revienne, ou n'envoie un de ses amis. Oh ! je voudrais manquer d'imagination comme vous, Ommony ! Il me semble que je sens cet individu me plonger dans le ventre son tulwar en dents de scie ! Écoutez ! (Chutter Chand commença de trembler de façon visible.) Qui est dans l'autre pièce ?

Ommony jeta un regard dans la boutique. Il y avait là deux hommes, évidemment sans armes, sans quoi le constable ne les eût pas laissés entrer ; debout devant le comptoir, ils causaient avec le commis placé derrière. L'un deux était très vieux et l'autre très jeune. Tous deux portaient le costume thibétain, mais le vieillard parlait anglais, ce qui déjà était remarquable ; et il semblait quelque peu amusé d'entendre le commis soutenir avec aplomb que Chutter Chand était en voyage. Ni l'un ni l'autre des deux personnages ne prêtait la moindre attention aux bijoux étalés dans la vitrine ; leur unique but était évidemment de voir Chutter Chand.

– Recevez-les, murmura Ommony. Je vais me cacher. Non, ne vous inquiétez pas de la chienne. Elle les suivra et les flairera sur toutes les coutures. Si l'on vous demande d'où elle vient, dites qu'elle appartient à l'un de vos clients qui vous l'a laissée en garde pour une heure ou deux. Qu'y a-t-il derrière ce Bouddha de bronze ?

– Rien, sahib ; il est creux ; il n'a pas de dos.

– Parfait ! Aidez-moi à l'écarter du mur.

Ils firent assez de bruit pour que Diane vînt voir ce qui se passait, fort à propos, d'ailleurs ; car Ommony lui donna ses ordres à demi-voix, et elle retourna à la boutique pour surveiller les curieux visiteurs.

– Maintenant, Chutter Chand, ne vous laissez pas effrayer. Ne perdez pas la tête. Faites-les bavarder. Posez-leur les questions les plus idiotes qui vous passeront par la cervelle. Quand ils paraîtront disposés à s'en aller, laissez-les faire. Et par-dessus toute chose, ne dites pas un mot au policeman.

Ommony s'insinua derrière la statue du Bouddha. Chutter Chand, s'appuyant de tout son poids contre elle, la repoussa presque à sa place, en laissant juste assez d'espace entre elle et le mur pour qu'Ommony pût voir dans une vieille glace fendue presque tout ce qui se passait dans la chambre. Puis, maîtrisant d'un effort visible ses émotions, Chutter Chand marcha vers la porte et s'y arrêta un instant pour regarder, écouter et essayer de respirer normalement. Il finit par se forcer à sourire.

– Oh, laissez-les entrer, je vais causer avec eux, dit-il en anglais à son commis, avec un air assez réussi de nonchalance condescendante. Seul un observateur très perspicace aurait pu se rendre compte qu'il avait peur, et que la crainte, chez lui, n'était pas simplement « la reconnaissance que quelque chose que nos sens ne comprennent pas ».

Les deux Thibétains entrèrent, le vieillard le premier, et s'installèrent sur une natte que le jeune homme étendit par terre. Leurs manières étaient celles de personnages répondant à une invitation plutôt que de gens venant imposer leur présence.

Chutter Chand, magistralement assis à son bureau, essuya de nouveau ses lunettes d'or, attendant que les visiteurs prissent la parole. Mais ils se gardaient bien d'une pareille indiscrétion, et restaient assis avec un air suave, tandis que Diane les flairait sur toutes les coutures. La chienne semblait intéressée. Elle se coucha de façon à les voir tous deux, le museau sur ses pattes, une oreille dressée, remuant lentement la queue dans les deux sens, afin de nettoyer un bout de plancher en forme d'éventail.

Le vieillard, un prodige de rides, ressemblait à une de ces statuettes chinoises en ivoire jauni par le temps. Il s'administra une énorme dose de tabac à priser, puisé dans une vieille boîte chinoise en argent, qu'il replaça dans un pli de son long vêtement de couleur tabac. La poudre irritante ne sembla produire aucun effet sur lui, tandis que Diane éternuait violemment, bientôt imitée par Chutter Chand.

Le jeune homme semblait également une énigme d'ivoire, bien qu'il eût la peau beaucoup plus blanche, et parfaitement lisse en comparaison des rides de l'aîné. Il avait la tête enveloppée d'un turban de soie brune magnifiquement brodé, contrastant avec la simplicité monacale de l'autre, et son manteau paraissait confectionné de drap plus léger et plus fin que celui du vieillard. Il était d'une beauté remarquable, les traits droits et calmes. Il avait des yeux gris-bleu, des mains d'artiste, menues et fortes, des pieds petits aussi mais évidemment habitués à la marche. Tous deux paraissaient également doués de ce mystérieux arôme mental qui émane des tableaux de Goya. Le vieillard sentait un peu aussi le beurre rance; mais comme c'est là une odeur caractéristique des Thibétains, l'anomalie était plutôt que le jeune garçon en fût exempt.

– Eh bien, que désirez-vous? demanda enfin Chutter Chand en anglais.

L'emploi de cette langue semblait ridicule avec un Thibétain; mais le vieillard s'en était servi dans la boutique, et Chutter Chand ne connaissait pas les dialectes indigènes.

La réponse fut donnée par le vieillard en un anglais pur de tout accent, et d'une voix aussi pleine de bonne humeur que sa figure ridée.

– Le morceau de jade, dit-il, sans sourciller.

– Je ne l'ai pas, fit l'autre. En outre, hum!… il faudrait me dire votre… hum!… il faudrait établir le droit que vous avez de faire une pareille demande. Vous comprenez?

– Je n'ai fait aucune demande, répondit le vieillard en souriant.

Sa parole coulait douce et raisonnable; ses vieux yeux rieurs pétillaient.

– C'est vous qui m'avez demandé ce que je voulais, et je vous l'ai dit.

– Dites-moi qui vous êtes? interrogea Chutter Chand.

– Mon fils, je suis un lama, quelqu'un qui essaie de fouler la Voie moyenne.

– Venant d'où?

– Du même endroit que le morceau de jade, mon fils. De l'endroit où le renverra celui qui voudra acquérir du mérite.

– Ce jade est-il à vous? demanda Chutter Chand.

– L'air est-il à moi? Les étoiles m'appartiennent-elles? riposta le lama, souriant comme si l'idée de posséder quelque chose était une plaisanterie d'enfant indiscret.

– Enfin, quels sont vos droits sur ce morceau de jade? gronda Chutter Chand.

– Je n'en ai aucun, pas plus que vous, répondit-il d'une voix douce. Personne n'y a droit. J'ai le devoir de le rapporter d'où il vient ; et j'ai aussi un devoir envers vous, celui de vous préserver, si possible, du péché d'impertinence. Il n'est pas bon, Chutter Chand, de se mêler de la science avant le temps marqué pour qu'on la comprenne. Celui qui veut fouler la Voie moyenne doit être patient, garder les deux pieds sur le sol et ne pas lever la tête plus haut que son humilité ne lui permet d'atteindre. Soyez sage, ô homme de désirs intellectuels ! La témérité mène à la destruction.

Ses doigts touchèrent le collier de Diane et le firent tourner jusqu'à ce que la petite plaque de cuivre où était gravé le nom d'Ommony fût en dessus ; mais ses yeux continuèrent à fixer Chutter Chand.

– Eh bien... dit celui-ci, avant de vous donner une réponse définitive, je voudrais que vous me parliez de ce jade. Vous trouverez en moi un homme raisonnable. Je n'ai aucune disposition au sacrilège... Ne pouvez-vous pas établir de façon satisfaisante que... j'agirais comme il faut en... par exemple en vous confiant le morceau de jade?

– Je crois que vous savez à quoi vous en tenir, dit le lama d'un ton de doux reproche, comme parlant à un enfant qu'il affectionnerait. Que vous dit votre cœur, mon fils? C'est le cœur qui répond sagement quand le désir a été soumis. Je viens de très loin...

– Attiré par le désir du morceau de jade! ricana Chutter Chand qui regretta instantanément cette vivacité.

– C'est vrai ! dit le lama. Le désir n'est pas facile à détruire. Mais je ne désire pas le jade pour moi-même. Et pour vous, je désire la paix et le mérite. Puisse le Seigneur vivre dans votre cœur et vous guider dans la Voie moyenne !

– Vous voulez dire que je ne trouverai pas la paix à moins de vous rendre le morceau de jade? demanda le bijoutier avec aigreur.

– Je le crois, répondit doucement le lama.

– Eh bien, il n'est pas en ma possession.

– Mais vous savez qui le détient? demanda le lama, le regardant en face.

Le bijoutier ne répondit pas, et les yeux du lama brillèrent d'intelligence. Au même instant, le jeune Thibétain se décida à faire un mouvement et lui murmura quelque chose à l'oreille. Le lama fit un signe d'acquiescement presque imperceptible, en tournant de nouveau le collier entre ses doigts désœuvrés, dont le contact plaisait si magiquement à Diane. Alors il jeta un unique et vif regard sur le gros Bouddha de bronze, puis reposa les yeux sur le bijoutier et reprit la parole.

– Ce qu'un homme ne peut faire ne pèse pas contre lui. Peut-être est-ce la main du destin qui l'empêche de commettre une erreur. Les actes de l'homme sont des fruits pesés dans la balance et dont les graines sont conservées comme semence des vies futures. Que la paix soit avec vous! Que la paix vous rafraîchisse!

Le lama se leva et le jeune homme roula la natte; Diane bondit sur ses pattes. Chutter Chand essaya de quitter son siège avec dignité, mais le lama semblait avoir monopolisé pour sa propre personne toute la dignité, ce qui était embarrassant.

– Je suis sensible… à votre bénédiction. Est-ce que vous partez? Mais vous ne m'avez pas dit ce que je vous demandais au sujet du jade… Est-ce que vous voudriez revenir?… Peut-être…

Le lama sourit, caressa la tête de Diane, et s'inclina de telle façon que sa longue jupe se balança comme une cloche qui va sonner; puis il marcha vers la porte, suivi du jeune homme; celui-ci lança à Chutter Chand un sourire unique, assez joyeux pour dissiper un instant son irritation nerveuse.

CHAPITRE III

DAWA TSERING

Mais la mauvaise humeur de l'antiquaire revint dès que les visiteurs furent partis. Il tressaillit au bruit que fit Ommony en repoussant du mur le Bouddha de bronze.

– Que le diable emporte la paire! dit-il avec explosion. Sahib, je hais les mystifications! Je déteste qu'on me traite avec des ménagements protecteurs! Je sens que je me suis conduit comme un être abject! Je ne pouvais pas penser! Ma cervelle se refusait à inventer les questions que j'aurais voulu poser!

– Vous ne vous en êtes pas mal tiré, dit Ommony. Va les reconduire, ma belle!

Diane mit la queue entre ses jambes, mais n'hésita pas un instant. Elle trotta hors de la boutique, s'arrêta un moment sur le trottoir, flaira l'air et disparut.

– Sahib, ils enverront quelqu'un piller mon magasin! Ommony…

– Bah! pas un détail n'a échappé à ces deux types-là.

«Le plus jeune a lu mon nom sur le collier de Diane et l'a murmuré au lama. Celui-ci savait que j'étais derrière le

Bouddha. Ses soupçons ont été éveillés lorsque, tâtant la chaise, il l'a trouvée tiède.

– De mal en pis ! dit Chutter Chand d'un ton lamentable. Encourir l'inimitié de pareilles gens est plus dangereux que de tripoter des serpents.

– Ils n'ont soupçonné ma présence qu'une fois entrés... la paix, Chutter Chand, reprenez vos esprits ! Écoutez-moi !... Ils ont amené un homme pour surveiller les abords du magasin et filer quiconque les suivrait. Ils n'ont pu le mettre en garde contre le chien, dont ils ne connaissaient pas l'existence, et que jamais ils ne soupçonneraient d'être assez intelligent pour le faire. Leur homme doit être encore dehors à surveiller la porte. Attendez-moi là !

Il courut à la boutique de devant, se cacha derrière une des portières, et regarda dans une glace où il apercevait le dos du constable et une cinquantaine de mètres de rue très fréquentée, y compris le trottoir d'en face. Le policeman semblait surveiller attentivement quelqu'un, et en moins d'une minute Ommony identifia l'objet de cette attention, un grand montagnard de bonne mine à figure poupine, vêtu à la mode du Bhoutan ou du Sikkim, d'un pantalon informe recouvert d'une longue robe, avec une sorte de jaquette par-dessus le tout. Ommony l'observa une minute ou deux, puis, à travers le rideau, adressa la parole au policeman.

Celui-ci s'éloigna tranquillement en descendant la rue. Ommony sortit et marcha lentement dans la direction opposée. De l'autre côté de la rue, le montagnard se mit immédiatement à le suivre en réglant son pas sur le sien. Ommony traversa la rue, et le policeman en fit autant. Soudain, Ommony fit demi-tour et marcha vers le montagnard. Il se sentit diminué par la taille massive de l'homme, et distingua la poignée d'un long poignard émergeant par la fente d'une robe qui dégageait une forte odeur de *ghi* (beurre fondu). Le constable, tâtant nerveusement son casse-tête, s'arrêta à six pieds derrière le montagnard. Les passants commençaient à flairer un aliment pour leur curiosité : on surprenait chez eux des regards inquisiteurs et une hésitation palpable ; un attroupement se serait formé en moins d'une minute.

– Viens avec moi ! dit Ommony en dialecte indigène.

– Pourquoi ? demanda le montagnard, les yeux dilatés par la surprise de s'entendre interpeller dans sa propre langue.

– Parce que, si tu fais ce que je te dis, il ne t'arrivera rien de mal, tandis que si tu ne le fais pas, tu iras en prison.

Le montagnard glissa instinctivement la main vers son poignard et le policeman s'apprêtait à lui assener derrière la tête un coup de sa matraque en bois dur.

– Es-tu fou de ne pas reconnaître un ami quand tu en rencontres un ? demanda Ommony.

– J'ai rencontré des ennemis et des femmes, et un ou deux personnages que j'appelais Maîtres, mais jamais encore je n'ai rencontré un ami, répondit le montagnard. Qui es-tu ?

– Viens avec moi et tu le sauras, dit Ommony.

Le montagnard hésita ; la foule commençait à s'attrouper à une certaine distance, pas encore bien sûre, mais guettant les premiers symptômes d'un fait-divers. Le montagnard comprit qu'il lui serait peut-être malaisé de s'esquiver.

– Je n'ai peur de personne, dit-il en tournant la tête ; reconnaissant le policeman, qui atteignait à peine les deux tiers de sa taille, il cracha éloquemment à son adresse, le manquant juste de l'épaisseur d'une lame de couteau. Où cela ? demanda-t-il ensuite, regardant Ommony bien dans les yeux.

Ommony le précéda à travers la rue jusqu'à la boutique de Chutter Chand, et s'arrêta devant la porte pour lui livrer passage.

– Passe devant ! dit le montagnard, faisant un pas de côté.

– Non, tu as une arme et je n'en ai point. En outre, je t'ai dit que je suis ton ami, mais je préfère être un ami vivant que mort. Passe le premier, dit Ommony en riant.

Le montagnard se mit à rire aussi. Il n'avait rien de la solennité dont se drapent les indigènes de la frontière nord-ouest. Dans la partie orientale des Himalayas, où cesse l'odeur de la sueur et où commence celle du beurre rance, le rire fait partie de la vie et n'est pas une insulte ni un manque de dignité. Sans discuter davantage, il entra d'un pas fanfaron dans la boutique, et, sur un signe d'Ommony, pénétra dans le bureau du fond.

– Krishna ! s'écria Chutter Chand, qui, bondissant vers un coin, saisit un sabre de Samouraï à deux mains, le tira du fourreau et le posa sur la table. Je vais lâcher mes serpents ! hurla-t-il presque, en hindoustani.

Le montagnard s'accroupit sur le plancher, juste à l'endroit où se trouvait naguère le lama, et Ommony s'installa sur une chaise en face de lui, en conseillant à Chutter Chand de prendre l'autre siège et de se montrer raisonnable.

– Mais c'est le coquin qui est déjà venu ici me menacer ! s'écria Chutter Chand. Son couteau est en dents de scie. Enlevez-le-lui, Ommony !

Apparemment, le montagnard ne connaissait pas l'anglais, mais il était mentalement fixé sur le compte d'Ommony. Sceptique peut-être au sujet de l'amitié, il savait reconnaître la bonne foi… observait la figure de l'Anglais comme un enfant suit un film de cinéma.

– Comment t'appelles-tu ? demanda Ommony.

– Dawa Tsering.

– D'où es-tu ?

– De Spiti.

– Grands dieux ! s'écria Chutter Chand. Ne dit-il pas qu'il vient de Spiti ? Tous ceux qui viennent de ce pays-là sont des démons. Ils pratiquent la polyandrie et donnent leurs morts à dévorer aux chiens. C'est un impur !

– Quel est ce lama qui était ici tout à l'heure ? poursuivit Ommony.

– Tsiang Sandup.

Chutter Chand ne saisit pas le nom, ou, s'il l'entendit, ce nom ne signifiait rien pour lui. Ommony, par contre, eut grand-peine à réprimer son agitation, et malgré ses efforts il ne réussit pas à se dominer complètement. Le montagnard perçut son changement d'expression.

– Oui, dit-il, Tsiang Sandup est un grand personnage.

– Quel est l'autre, le jeune qui l'accompagnait ?

– Son *chéla* (disciple).

– Comment s'appelle-t-il?

– Samding. Certains le nomment San-Fun-Ho.

– Et qu'as-tu à faire avec eux?

Au lieu de répondre, le montagnard riposta par une question :

– Quel est ton nom à toi? Répète-le… Ommony? Cela sonne comme une formule de magie : *Om mani padmé hum !* Qui t'a donné ce nom-là? Était-ce celui de ton père? Qui était-il? Comment un homme peut-il prendre le nom de son père? L'esprit de son père n'est-il pas offensé? Tu es un être étrange Ommony.

– Pourquoi es-tu venu ici voilà quelques jours effrayer Chutter Chand? demanda Ommony.

– Pourquoi ne l'aurais-je pas fait? dit le montagnard. N'ai-je pas voyagé sous un train, comme une sangsue sur le ventre d'un cheval, pendant des heures et des milles, en avalant de la poussière et rien d'autre? N'ai-je pas suivi ce rat de Tin Lal jusqu'à cette boutique? Sous prétexte d'admirer le cobra de la devanture, ne l'ai-je pas vu de mes propres yeux vendre la pierre verte à ce petit ami des serpents? J'ai trop parlé et je n'ai pas assez agi. J'aurais dû les tuer tous les deux. Mais j'ai eu peur, parce que je suis étranger dans cette ville où il y a beaucoup de monde. Je suis revenu quatre jours après, et quand ce rat de bijoutier m'a juré qu'il n'avait plus la pierre, je l'ai menacé. Je l'aurais tué si j'avais cru qu'elle était en sa possession; mais il m'a paru dire la vérité, et il m'a promis de reprendre la pierre à quelqu'un à qui il l'avait confiée. Et moi, après l'avoir menacé de le fendre en deux s'il ne tenait parole, je suis allé trouver Tsiang Sandup et je lui ai tout raconté. Il est venu ici en conséquence, et je l'ai suivi pour protéger sa vieillesse. Je suppose que Tsiang Sandup a maintenant la pierre, n'est-ce pas?

– Il l'aura, dit Ommony.

– Je crois que tu n'es pas un menteur, dit le montagnard, regardant Ommony droit dans les yeux. Moi, je suis menteur. Si je faisais une pareille promesse, il n'y aurait que les fous pour me croire. Mais je ne suis pas fou et je te crois, sans quoi je te plongerais mon couteau dans le foie. Qui t'a appris à parler ma langue?

Ommony ne jugea pas à propos de répondre sur ce point.

– Ne te suffit-il pas que je la parle? Où puis-je trouver le saint lama Tsiang Sandup?

– Oh, quant à cela, il n'est pas particulièrement saint, encore que bien des gens semblent le croire. Mais moi je suis de Spiti, où nous étudions les démons et considérons comme absurdes toutes ces histoires de pureté, d'abnégation et de nirvâna.

– J'aimerais à causer religion avec toi.

– Oh, je pourrais te l'enseigner tout entière en très peu de temps.

– Mais, en attendant, je voudrais savoir où réside le saint lama Tsiang Sandup.

– Je n'en sais rien, dit le montagnard.

– Tu mens, n'est-ce pas?

– Naturellement. Croyais-tu que j'allais te dire la vérité?

– Non, cette idée-là ne m'est pas venue. Et bien…

Diane entra en agitant lentement sa grosse queue. Elle s'aplatit lourdement sur le plancher à côté d'Ommony, et il se produisit un silence d'une minute pendant que le montagnard la regardait et qu'elle lui rendait son examen avec intérêts. Enfin une de ses babines se souleva, découvrant un prodigieux croc jaune, et Ommony lui posa une main sur la tête pour apaiser un grondement de tonnerre.

– C'est l'incarnation d'un démon, dit le montagnard. Dans mon pays, nous entretenons des chiens aussi gros qu'elle pour dévorer les cadavres. En général, ces démons sont très méchants, mais je crois que celui-ci (il secoua la tête en regardant l'animal) est pire que les autres. Eh bien, je m'en vais. Dis à cet imbécile à la porte de ne pas me faire du mal avec son petit bâton, car il se peut qu'il désire vivre. Je suis heureux de t'avoir rencontré, Ommony.

Il agita la main, avec une face réjouie de chérubin chinois, et sortit sans plus s'occuper de Chutter Chand que s'il ne l'eût jamais vu ; puis, à la porte, il sourit au policeman comme le soleil sourit au fumier : le policeman fit de son mieux, mais ne put s'empêcher de grimacer jovialement en retour.

Cependant, Chutter Chand, affalé dans son arrière-boutique, n'était plus bon à rien : la crainte lui paralysait la cervelle.

– Je vous l'affirme, Ommony : vous n'avez vécu que vingt ans dans l'Inde et vous ne connaissez pas ces gens-là.

Ommony se mit à rire et sortit, les deux mains dans ses poches, précédé de Diane. Elle avait pisté les deux personnages, et maintenant Ommony n'avait qu'à se laisser conduire pour trouver leur logis.

L'après-midi s'avançait rapidement vers cet instant où, dans toutes les villes, les rues sont le plus animées, chacun s'empressant de rentrer chez soi ou d'achever quelque chose avant de rentrer. La chienne se frayait patiemment un chemin à travers cette affluence. Elle tourna dans une ruelle et s'engagea dans un labyrinthe de passages étouffants entre des murs sans fenêtres, où la mort pouvait surprendre un homme sans que le moindre émoi s'en propageât à une douzaine de mètres. Mais, dans l'Inde, quand on pense à la mort, on meurt. Pour vivre, il faut penser à la vie et s'y intéresser.

L'un de ces passages déboucha enfin sur une petite place, à l'extrémité de laquelle se dressait un bâtiment de pierre à trois étages, dont les plus hautes fenêtres en commandaient la vue, celles du bas ayant été aveuglées. Dans le mur s'ouvrait un portail conduisant à un long passage voûté où d'autres portes s'apercevaient à droite et à gauche. Diane courut droit à ce portail ouvert et s'arrêta là.

Ommony commença alors à se sentir comme un marin que le vent pousse vers un rivage infesté de rochers et de pirates. Le jour commençait à s'assombrir. À tout moment, le montagnard à la dague en dents de scie et aux notions confuses sur la mort pouvait lui tomber sur le dos. En avant s'étendait un territoire inconnu et s'épanouissait une odeur de beurre rance dénonçant la présence de gens du nord dont les notions d'hospitalité restaient plus que problématiques. Il pouvait, à travers les jalousies des fenêtres, être vu sans voir. Et il portait dans sa poche le morceau de jade qui avait attiré ces gens d'au-delà de Tilgaun vers les plaines brûlantes qu'ils ont en horreur. Il commençait à regretter de n'avoir pas laissé cette pierre quelque part.

Le bruit d'un pas à une certaine distance en arrière le décida : ce pouvait être celui du montagnard. Il alla de l'avant et franchit le portail ; sa marche éveilla les échos de la voûte. Diane le suivit en grognant ; elle semblait sentir qu'on les observait.

Tout de suite le passage tournait à droite et à gauche et se perdait dans l'obscurité. Ommony s'arrêta pour réfléchir ; il sentit si vivement non seulement la témérité, mais encore l'inexplicable imprudence de son intrusion, qu'il se décida immédiatement à la retraite. À l'instant même où il se retournait vers la vague clarté du portail, une voix l'interpella en anglais :

– Allez-vous-en d'ici ! Allez-vous-en bien vite !

Il n'aurait pu dire d'où venait cette voix, mais Diane aboya sauvagement vers un judas pratiqué dans une porte d'un côté du passage. Il lui fallut plusieurs secondes pour calmer la chienne.

La voix semblait celle d'un garçon jeune et bien élevé. Le timbre n'en était pas aigu, ni excité, mais dénotait une certaine énergie. Diane se remit à aboyer furieusement. Il n'y avait pas de temps à perdre en hésitations. Ommony atteignit la cour en même temps que Diane ; celle-ci faillit le renverser dans un élan sauvage, les poils hérissés, les crocs découverts, les yeux flamboyants. Il la saisit par le collier et par la queue et jeta tout son poids en arrière pour l'empêcher de bondir à la gorge d'un homme vêtu de gris sale qui s'arrêtait dans l'embrasure du portail, un pied levé, une main derrière le dos. Un autre homme s'esquissait un peu plus loin dans le crépuscule. Leurs figures fanatiques, aux pommettes saillantes, presque chinoises, dénotaient une assurance formidable, et l'on pouvait se demander ce qui les retenait, car l'homme qui tenait une main derrière son dos était armé, et de quelque chose de lourd, à en juger d'après l'inclinaison de son épaule.

Ce fut Diane qui dénoua cette situation critique. Son instinct animal devança l'œil d'Ommony, qui venait de lire une intention sur le visage des nouveaux venus. Elle faillit encore une fois culbuter son maître en renversant la direction de son effort; lui faisant lâcher le collier, elle le dépassa d'un bond et plongea ses crocs dans quelque chose. Elle avait heurté le flanc d'Ommony et il vacillait pour reprendre son équilibre lorsqu'un *tulwar* (sabre afghan) de dix livres fendit l'air à l'endroit où naguère était son dos. Il se trouva juste à point pour saisir le poignet qui brandissait l'arme, pour le saisir à deux mains et l'attirer violemment en avant. Le sabre à dents de scie résonna sur le pavé, mais l'adversaire ne tomba pas, car Diane le tenait par la gorge et tirait en sens contraire. C'était Dawa Tsering.

Les mains du montagnard tâtonnaient pour empoigner les pattes de devant de la chienne. Ommony cria «gare!» à Diane, et faisant sonner son poing sur la mâchoire du montagnard, le renversa à plat sur le dos.

Le troisième personnage semblait opter pour la discrétion et restait dans la pénombre.

Et maintenant Ommony tenait le tulwar.

Il se mit à courir, s'arrêta au débouché de l'étroit passage par où il était venu, envoya sa chienne en avant, et se retourna pour voir s'il était suivi. Entendant des pas, il attendit. Dans cet espace resserré, avec un tulwar à la main et Diane à l'arrière-garde, il se sentait capable de se défendre contre tout venant.

Mais c'était un homme seul, Dawa Tsering, qui s'appuyait un linge sur la gorge et marchait d'un pas incertain.

– Rends-moi mon arme, Ommony!

Les mots, prononcés en dialecte indigène, étaient assez intelligibles, mais l'homme semblait suffoquer; sa gorge gargouillait et fonctionnait avec difficulté. Diane essaya de se précipiter sur lui, mais Ommony la serra contre le mur et la saisit au collier.

– À bas! ordonna-t-il, et elle se coucha à ses pieds en grondant.

– Oui, tiens-la ! J'en ai assez de cette sorcière réincarnée ! Donne-moi mon couteau, Ommony !

– C'est ce hachoir de boucher que tu appelles un couteau ? Coquin ! Il n'y a pas une minute, tu as essayé de me tuer avec.

– Oui, mais ce n'est rien. J'ai raté mon coup. Si tu étais mort, tu aurais droit de te plaindre. Donne-moi mon couteau et va-t'en.

Ommony se mit à rire.

– Tu as l'intention de renouveler l'attaque contre moi, hein ?

– Pas moi. Ces lamas sont une bande de fripouilles. Ils m'avaient dit qu'il ne m'arriverait rien de mal si je leur obéissais et si je récitais mes prières. Leur magie ne vaut rien. Ta diablesse de chienne m'a déchiré la gorge. Je doute que je ne puisse jamais plus chanter. Donne-moi mon couteau, et je retourne dans nos montagnes. Je regrette d'avoir jamais quitté Spiti.

– Je t'avais dit que j'étais un ami, répondit Ommony, se creusant l'esprit pour trouver la conduite à tenir.

– Oui, et j'aurais dû te croire. Donne-moi le couteau.

– Sais-tu reconnaître ton chemin dans Delhi ?

– Non. Puissent les démons souiller cette ville ! C'est-à-dire, je la connais un peu. Je saurais quel chemin prendre pour aller au train.

Ommony fouilla dans une poche, trouva une enveloppe sur laquelle il crayonna une adresse en gros caractères d'imprimerie.

– Vers dix heures et demie, sors dans les rues et prends le premier *gharri* (voiture de louage) que tu rencontreras. Donne cela au cocher ; s'il ne sait pas lire, montre-le aux passants jusqu'à ce que tu en trouves un qui sache. Viens droit à cette adresse, et je paierai le cocher. Et si ta gorge a besoin de soins, je la ferai soigner.

– Et mon couteau ?

– Je te le rendrai ce soir à cette adresse.

– Très bien, j'irai.

– Je suppose que si je t'avais rendu ton couteau maintenant, tu m'aurais tué avec ?

– Peut-être. Mais tu n'es pas un sot, Ommony. Tu feras bien de t'en aller vite, avant que ces lamas aient trouvé un moyen de te susciter des ennuis.

Ommony suivit ce conseil, bien que persuadé que, s'ils étaient de vrais lamas, ils ne se dérangeraient pas de leur chemin pour susciter des ennuis à qui que ce fût en dehors de leur propre pays. Il franchit rapidement les passages et les ruelles et se fit conduire au bureau de MacGregor. Celui-ci n'y était plus ; aussi Ommony le relança jusqu'à son bungalow, où il examina les curiosités pendant quinze minutes avant de se décider à parler.

MacGregor savait que quand Ommony musait de cette façon il était sage d'attendre son bon plaisir et de ne pas lui poser de questions. Il fumait et regardait son domestique mettre des boutons à une chemise de soirée.

– Avez-vous un homme absolument digne de confiance pour porter un paquet à Tilgaun, et sur qui l'on puisse compter pour ne pas faire de bêtises en route, ni le perdre ou le laisser voler ?

– Le numéro 17, Aaron Macaulay, l'Eurasien, prend le train ce soir pour Smila. Il voudra probablement passer un jour ou deux dans cette ville, mais il pourrait pousser ensuite jusqu'à Tilgaun. On peut compter absolument sur lui.

– Oui, j'aurais confiance en Macaulay. Il me faudrait maintenant une petite boîte, du papier fort et de la cire à cacheter.

MacGregor se procura ces objets et regarda Ommony envelopper le morceau de jade et le sceller de son seing antique. Le paquet était adressé à Miss Anna Sanburn, à la Mission de Tilgaun.

– Le mieux est de dire à Macaulay qu'il contient des billets de banque, dit Ommony. Cela lui inspirera un sentiment d'importance et l'empêchera d'être trop curieux. Ordonnez-lui de demander à Miss Sanburn qu'elle veuille bien me garder ce colis jusqu'à mon arrivée.

– Très bien. Maintenant, expliquez-moi l'idée.

– Peu de chose. Je viens d'être attaqué ; rien de sérieux. L'homme qui a eu le dessous nous rejoindra après dîner. Je vous donnerai alors tous les détails, qui vous surprendront peut-être. À tout à l'heure chez Mme Campbell.

CHAPITRE IV

Le secret de Madame Campbell

Bien que depuis le jour de l'armistice la gloire militaire, parvenue à son apogée, ait commencé son cycle de descente, on peut subir de pires destins que de posséder une fortune personnelle et d'être la femme d'un colonel commandant un régiment de lanciers — même si vos enfants sont obligés d'aller faire leurs études en Europe et si votre mari vit la moitié du temps sous la tente. Il existe aussi de moins bonnes fortunes que celle de dîner chez Mme Cornock-Campbell.

Ommony est un de ses intimes de prédilection dans les rares occasions où ils se rencontrent. Son air bourru de vieux garçon à l'ancienne mode contraste si plaisamment avec le cynisme artificiel moderne, et il est à tel point dénué de toute pose ou prétention, qu'il provoque toute la vivacité naturelle de son hôtesse, apte au contraire à se congeler vis-à-vis des gens qui croient devoir affecter des manières parce qu'ils sont invités chez elle.

Pendant l'heure que dura le dîner, la conversation roula sur toutes sortes de sujets parfaitement étrangers aux lamas

Ringding et au pays d'Abor ; mais ensuite, dans le petit salon de musique rose et ivoire, Mme Campbell, assise à son piano, jeta par-dessus l'épaule une question destinée à ramener à la surface l'objet secret de cette soirée.

– John me dit que vous allez partir pour le pays d'Abor ?

Les yeux de MacGregor brillèrent par anticipation, mais il se croisa les jambes, alluma une cigarette et se renversa dans l'ombre d'un fauteuil antique pour cacher son sourire à Ommony.

– Je vais essayer, dit Ommony. C'est là que ma sœur et Fred Terry ont disparu voilà vingt ans. Ils n'ont pas laissé de traces.

– En êtes-vous sûr ?

Elle continua à jouer du Chopin, et Ommony ne remarqua pas la modulation de sa voix. Il écoutait le chant du piano, et fut désagréablement surpris lorsqu'elle ferma l'instrument sans achever le *Nocturne*.

– J'étais à Tilgaun voilà sept mois, dit-elle. Mon mari fut envoyé en Birmanie, et j'en profitai pour aller à Darjeeling. J'entendis parler de la mission Marmaduke, et ma curiosité fut éveillée. J'écrivis à Miss Sanburn, qui eut l'amabilité de m'inviter à passer quelque temps chez elle. L'endroit est délicieux. Voulez-vous me donner une cigarette ?

– Anna vous a-t-elle parlé de moi ? demanda Ommony.

– Certes, elle m'a parlé de vous. Vous semblez incarner pour elle le beau idéal. Et, chose assez bizarre, elle a déclaré que vous et le lama Tsiang Sandup avez dû être frères jumeaux dans une incarnation antérieure ! Elle m'a dit aussi que vous et lui ne vous étiez jamais rencontrés, bien que vous soyez coadministrateurs du legs Marmaduke. Je n'ai pas vu le lama, mais j'ai rencontré une autre personne tout aussi intéressante.

MacGregor se croisa les jambes et souffla de la fumée au plafond.

– Jusqu'à quel point connaissez-vous Miss Sanburn ? demanda Mme Campbell au bout d'une minute de silence. Elle regardait Diane allongée sur la peau d'ours et menant une chasse glorieuse dans un Walhalla de rêve ; et si néanmoins elle voyait Ommony, ce devait être du coin de l'œil.

– Oh ! aussi bien qu'un homme peut jamais connaître une femme extraordinaire, dit Ommony.

– Ce qui ne va pas loin, n'est-ce pas? J'avoue que c'est vous que j'ai soupçonné d'abord. Puis, je me suis rappelé depuis combien de temps je vous connaissais et... eh bien, vous n'êtes pas orthodoxe vous êtes un rebelle, mais vous n'êtes pas homme à laisser un enfant sans nom.

– Que diable voulez-vous dire ?

– J'ai donc soupçonné Marmaduke, naturellement. Mais une foule de dates et de circonstances se sont rencontrées, tout à fait par hasard, pour l'éliminer Je suis restée tout un mois à Tilgaun avant d'être entièrement sûre que Miss Sanburn n'était pas une mère. J'en fus presque désappointée ! Elle est si charmante et je l'admire tant, que j'aurais ressenti une satisfaction égoïste à connaître un si profond secret et à le garder même sur mon lit de mort. De toute façon, l'enfant n'est pas à elle ; elle l'appelle sa fille adoptive, mais je doute fort qu'il existe des papiers légaux. La jeune fille est blanche : elle a environ vingt ans. Le plus étrange de tout est qu'elle apparaît et disparaît à intervalles.

– Tout cela est pour moi une véritable nouvelle, dit Ommony. Mac m'avait bien dit quelque chose, mais...

– Ce n'est pas une nouvelle, c'est un mystère profondément romanesque. La jeune fille était là quand je suis survenue. Elle n'aurait pas dû y être, mais vous savez quelle affaire c'est d'arriver à Tilgaun. Je devais attendre des chevaux et des domestiques envoyés de la mission ; ils ne vinrent pas, et comme une troupe de gens du rajah y allait, je voyageai avec eux. Ils étaient pressés, de sorte que j'atteignis la mission plusieurs jours avant la date où j'y étais attendue ; et je rencontrai la jeune fille au bout du pont de corde juste avant d'arriver à Tilgaun, vous vous rappelez l'endroit? Il y a une falaise profonde, à pic, et rien qu'un passage étroit pour sortir de la gorge. Elle était là en train de soigner sa cheville tordue ; rien de grave, mais elle ne pouvait s'en aller sans être vue de moi, et naturellement il ne me vint jamais à l'esprit qu'elle eût voulu m'éviter. Elle me dit qu'elle s'appelait Elsa.

– C'était le nom de ma sœur, remarqua Ommony, qui de longue date devenait étrangement sentimental quand ce nom était prononcé entre intimes.

– Je lui prêtai un cheval et elle vint à la mission avec moi. C'est la fille la plus gaie que j'aie jamais vue, tout rire et toute intelligence, avec d'étranges et soudains accès de réserve... ou peut-être n'est-ce pas là le vrai mot: froideur n'est pas le vrai mot non plus. Elle tombait tout à coup dans le silence et sa figure devenait absolument calme... non pas dénuée d'expression, mais tranquille, comme celle d'une fille chinoise. On aurait dit deux femmes distinctes. Mais elle est blanche; j'ai observé ses ongles.

– Elle aurait pu être chinoise, suggéra Ommony. Les Chinoises sont très rieuses, et il n'apparaît pas de lunules sombres sur leurs ongles quand on les presse. Anna Sanburn reçoit toutes celles qui se présentent à la mission.

– Je suis certaine qu'elle est anglaise, répondit Mme Campbell. Mais, autant que j'ai pu en juger, elle connaît parfaitement le thibétain et plusieurs dialectes. Elle parle anglais sans la moindre trace d'accent chinois. Elle a été merveilleusement éduquée. Elle est pétrie d'art dans toutes les fibres de son être; elle joue du piano de façon très satisfaisante, surtout dans ses propres compositions qui, croyez-moi ou non, méritent d'être jouées par un maître. Et elle dessine de mémoire dans la perfection.

«Elle-même semblait regarder à travers votre personne, poursuivit Mme Campbell. Quand Elsa fut partie se coucher, longtemps après minuit, je demandai à Miss Sanburn le nom de famille de la jeune fille. Elle hésita pendant environ trois secondes, en me regardant, et me dit ceci:

«– Madame Campbell, nous n'avions pas l'intention de vous faire rencontrer Elsa. C'est ma fille adoptive. Il existe des raisons...

«Et là-dessus, naturellement, je l'interrompis. Je l'assurai que je ne cherchais pas à pénétrer les secrets des gens. Elle me demanda si cela ne me ferait rien de m'abstenir d'approfondir le peu que je savais déjà.

«– Je suis fâchée, dit-elle, de ne pouvoir vous donner d'explications, mais il importe que l'existence même d'Elsa soit connue le moins possible, particulièrement dans l'Inde.

«Je lui promis la discrétion, mais il fut convenu que je pourrais dire que j'avais rencontré la jeune fille, si c'était le seul moyen de calmer les investigateurs. Et je fis bien d'insister sur cette éventualité, car je n'étais pas plutôt rentrée à Delhi que MacGregor vint dîner chez moi et me demanda carrément si j'avais vu à Tilgaun une mystérieuse jeune femme ; et je crois qu'il avait l'intention de faire une enquête officielle. Vous êtes donc la seconde personne à qui j'en ai soufflé mot.»

– Je commence à comprendre une centaine de choses diverses, articula Ommony d'un air rêveur. Pourtant il me semble bien qu'Anna aurait dû me tenir au courant.

Mme Campbell échangea un sourire avec MacGregor.

– Éveillez-vous, Ommony, nous ne sommes pas à l'église ! Vous êtes son meilleur ami, et par conséquent la dernière personne au monde à qui elle aurait confié ce secret. C'est une femme !

À ce moment des bruits se produisirent dans le jardin, et Diane interrompit ses rêves sur la peau d'ours pour gronder comme un tremblement de terre.

– C'est quelqu'un de ma connaissance, dit Ommony. Si vous pouvez supporter son odeur, veuillez la laisser entrer. Sinon nous pourrions essayer la véranda.

Il fallut corriger Diane et morigéner le maître d'hôtel de Goa. Il fallut donner à Dawa Tsering, dont le cou était enveloppé de linges étrangement odorants, une couverture de cheval sur laquelle il pût s'asseoir sans salir le tapis. Il fallait ce cadre pour faire ressortir toute la saleté de ses vêtements ; quant à son arôme, c'était celui d'une étable souterraine pour ânes, arrosée en outre de quelque produit chimique.

– Et mon couteau, Ommony? demanda-t-il en s'asseyant les jambes croisées, admirant l'appartement. Est-ce là ta maison? Tu es un homme riche. Je serais content d'être ton serviteur pendant quelque temps. Est-ce là ta femme ? Il ne fait pas bon servir une femme. En outre, je ne suis pas fameux pour l'obéissance. Non : rends-moi mon couteau et je m'en irai.

– Pas encore, dit Ommony qui cherchait le meilleur moyen de provoquer ses confidences. Il se décida pour une attitude de sympathie personnelle. Le cou de l'homme avait évidemment été pansé ; mais c'était une entrée en matière. — Veux-tu que j'envoie chercher un docteur pour te soigner la gorge ?

– Non, Tsiang Sandup a fait des opérations magiques et mis dessus des sangsues et une drogue qui brûlait. Maintenant je vais mieux.

– J'aurais cru que son chéla se serait occupé de cela.

– Samding ? Non, il paraît que cet être-là est trop saint. Ce n'est pas que j'y croie. Je pourrais lui couper la gorge et leur montrer qu'il meurt comme tout autre en gargouillant et en sifflant. Mais le lama le soigne comme une vieille femme fait d'un jeune mari et ne veut pas que ce garçon-là se salisse les mains.

– Je suppose que tu vas retourner à Tilgaun avec le lama et son chéla ?

– Que les étoiles et mon *karma* m'en préservent ! J'irai sous le ventre d'un train, comme je suis venu. Je me rendrai de cette façon à Kalka, et de là à pied par la vieille route jusqu'à Simla, où je connais un homme qui me paiera pour porter des marchandises au rajah de Spiti. C'est un voyage long et difficile. Je serai bien payé.

– Où as-tu connu le saint lama Tsiang Sandup ?

– Certain soir, dans une gare, un imbécile de policeman me tomba sur le dos juste à l'instant où je me glissais sous les roues pour guetter l'occasion de dévaliser les voyageurs endormis. Le constable me tira par la jambe, et le moment n'était guère propice pour le tuer ; il y avait trop de témoins. Je commençai donc à me lamenter, disant que je voulais me rendre à Delhi au chevet d'un ami malade, et que je n'avais pas d'argent. Et voilà que le lama Tsiang Sandup sortit du train et paya le voyage pour moi, espérant que cette bonne action lui permettrait d'acquérir du mérite. Je voyageai donc avec lui jusqu'à Delhi, et toute la nuit il me questionna et je me torturai l'esprit pour forger assez de mensonges à lui répondre. À Delhi, comme la ville m'était étrangère, il sortit avec moi pour m'aider à trouver mon ami, et comme je ne pouvais le trouver, puisqu'il n'existait pas, le lama pleura sur ma déconvenue. Il me sembla donc qu'un homme de ce genre avait besoin de quelqu'un pour prendre soin de lui. En outre, il était certainement très riche… Retiens ta chienne, Ommony, je n'aime pas son regard.

Ommony mit Diane dehors en lui ordonnant de garder la porte, ce qui était le meilleur moyen de l'empêcher de faire quelque chose de pire.

– Combien y a-t-il de temps que cela est arrivé ? demanda-t-il, se rasseyant et s'obligeant à paraître médiocrement intéressé.

– Oh ! il doit y avoir un an, peut-être un peu plus. Le temps passe. Je consentis à servir le lama pendant un certain délai, bien qu'il m'ennuyât avec ses sermons sans fin sur le mérite et la roue des réincarnations et je ne sais quoi encore. Et puis, il fréquente de la mauvaise compagnie, des acteurs, des chanteurs et autres gens de ce genre. Lorsqu'il me laissa à Tilgaun pour aller vers le nord, je fus content d'être débarrassé de lui pour quelque temps. Il me donna de l'argent ; il en a en quantité, mais le tient trop serré. Il y avait de jolies filles à la mission, un endroit merveilleux avec un mur très haut. Je trouvai le moyen de grimper par-dessus, et j'eus des ennuis avec Miss Sanburn, qui est l'abbesse du lieu et à qui mon couteau ne faisait pas peur. Quand le lama revint du nord ; il avait pour lui Samding, le chéla que tous les gens de ce pays regardent comme la réincarnation de quelque personnage prodigieux mort depuis si longtemps que ses os doivent être réduits en poussière.

« Ensuite il y eut grand bruit à propos d'un certain fragment de pierre verte, qui avait disparu de quelque part dans le nord. Personne ne mentionna l'endroit d'où il provenait, mais j'ai entendu certaines choses, et j'en ai vu d'autres. Un homme était arrivé d'Abor à la mission, frappé d'une blessure au ventre, et si l'on m'avait demandé mon avis, on l'aurait laissé crever dehors. Mais Miss Sanburn est folle, et elle le reçut à la mission, où on lui recousit le ventre pour essayer de le faire vivre, ce qui ne l'empêcha pas de mourir. On trouva la pierre dans ses vêtements, et Miss Sanburn la garda. On parlait beaucoup de cette pierre, surtout pour en dire des sottises. Il était facile de voir que son vrai possesseur faisait faire des recherches et répandre le bruit que c'était un objet dangereux à garder.

«J'avais résolu de voler cette pierre à Miss Sanburn et de découvrir ce qu'elle pouvait valoir pour un homme sachant vendre, car il me semblait qu'elle ne serait guère dangereuse pour moi tant que j'aurais mon couteau… Mon couteau, Ommony, j'espère que tu vas me le rendre bientôt… Mais une jeune fille de la mission, sur la vertu de qui j'avais des doutes, me devança. Elle prit la pierre et se sauva avec vers la maison du Sirdar Sirohé Singh, un prince des démons, un père de poux, un vaurien. Et à Tilgaun était venu un homme, ou plutôt une sorte de rat nommé Tin Lal, qui avait la manie de poser des questions. J'avais bonne envie de le tuer, parce que cette fille dont je soupçonnais la vertu ne m'adressait plus de sourires quand je m'asseyais au soleil près de la porte de la mission, mais s'occupait de Tin Lal plus qu'il n'était convenable. Je l'attendais tous les soirs, et j'appris, trop tard, que le sourire impudent que je surprenais au passage dans l'œil de Tin Lal était motivé. J'aiguisai mon couteau sur une pierre près de la niche où était assise la statue du Seigneur Bouddha dans le mur de la mission.

«Mais la jeune fille vola la pierre et se sauva avec, et Tin Lal l'attendit dans un défilé où passe le sentier menant à la maison du Sirdar, entre une falaise d'un côté et un profond ravin de l'autre, un endroit où les aigles font leurs nids et où monte le brouillard d'une cascade grondant au fond. Il la poussa dans l'abîme et y descendit après elle pour lui prendre la pierre. Puis il disparut; et le Sirdar Sirohé Singh, ce chien dans le cœur duquel grouille la vermine, m'accusa de ce meurtre. Il fut question de m'amener devant le rajah, et aussi de me chasser du pays.

«Néanmoins, j'avais promis au lama de l'attendre à Tilgaun et je ne sentais pas mon heure venue. Je suis un homme qui tient ses promesses. Aussi, en grand secret, la nuit, je tuai ceux qui criaient le plus fort. Après cela on ne manifesta plus tant d'insolence quand je passais dans le village.

«Oh! mais j'en avais assez de Tilgaun! Quand le lama arriva il crut d'abord que j'étais l'assassin de la fille et le voleur de la pierre. Mais il n'est pas tout à fait fou, et le chéla Samding a plus de cervelle qu'un homme d'âge barbu jusqu'au ventre. Il déclara que si j'avais volé la pierre je me serais sauvé avec, au lieu de rester à Tilgaun comme un aigle qui a des œufs à couver. Et le lama, après avoir découvert la vérité entre un million de mensonges, me dit que je pourrais gagner beaucoup de mérites en suivant la piste de Tin Lal vers le sud. «Ne tue personne, me dit-il, mais reprends-lui la pierre, et je te paierai plus que ne le feraient douze autres personnes ensemble.» Et il mentionna un prix très élevé, qui me fit rêver aux filles de Spiti, et à certaine vallée où je projette de bâtir quelque jour une maison.

«Ayant par ailleurs des griefs personnels contre ce rat de Tin Lal, je le suivis jusqu'à Delhi, où, comme je te l'ai dit, je le vis à travers la vitrine du magasin où est le serpent, vendre la pierre à Chutter Chand, le bijoutier. Mais le lama et Samding étaient venus eux aussi à Delhi, et je leur dis ce que j'avais vu, ayant perdu la trace de Tin Lal dans la foule. Et maintenant, rends-moi mon couteau, Ommony, afin que je fasse la chasse à Tin Lal, j'ai un nouveau grief contre lui. Ne m'a-t-il pas frustré du prix que le lama m'eût donné pour la pierre?»

Le montagnard sourit d'un air engageant, comme s'il venait de convaincre un homme au cœur dur. Il tendit la main et se pencha en avant sur la couverture.

– Tin Lal est en prison, dit Ommony.

– Oh! vraiment? Cela simplifie les choses. Je l'attendrai à la porte. On ne l'y gardera pas toujours.

– Quelle est cette maison où tu as essayé de me tuer cet après-midi ?

– Oh ! c'est une maison tenue par des Thibétains, où le lama séjourne quand il est à Delhi. C'est là que les gens de théâtre viennent le voir.

– Pourquoi m'as-tu attaqué ?

– Pourquoi ne l'aurais-je pas fait ? Tu avais promis que le lama aurait la pierre. Il me parut donc clair que tu la possédais. Par conséquent, en te la prenant, j'aurais pu la vendre au lama. Je ne suis pas un sot.

Ommony, dont les yeux reflétaient une sorte de satisfaction, traduisit aux autres tout ce dont il put se souvenir du conte de Dawa Tsering, demandant de temps à autre au montagnard de répéter quelque détail. Il semblait s'intéresser surtout à la compagnie que fréquentait le lama.

– Si vous voulez, dit MacGregor quand le récit fut terminé, je ferai fouiller ce repaire de Thibétains.

L'expression du visage d'Ommony indiquait assez clairement qu'il allait repousser cette offre, quand la parole lui fut coupée par un tumulte éclatant sous le porche. Diane, postée là en garde et incapable de se laisser entraîner ailleurs, aboyait par rafales comme une batterie d'artillerie, et gémissait pour demander à Ommony la permission de poursuivre un fugitif. Il entra dans le vestibule et écouta ; il entendit des pas en retraite, quelqu'un qui marchait sans se presser, mais avec des semelles feutrées, vers la lumière du jardin.

Il ouvrit la porte d'entrée et Diane jappa pour exprimer son désir. Elle regardait avec irritation une enveloppe blanche, longue et étroite, qui gisait sur le plancher du porche sous la lumière électrique, et se remettait à aboyer furieusement vers la barrière.

Ommony ramassa l'enveloppe et rentra dans la maison.

– As-tu dit au lama où tu venais ce soir ? demanda-t-il à Dawa Tsering en le regardant de haut.

– Oui. Pourquoi ne l'aurais-je pas dit ? Pouvais-je savoir, Ommony, si tu ne me tendais pas un piège, et je n'avais pas mon couteau pour m'en tirer ! Supposons que tu m'eusses jeté en prison, qui serait venu à mon secours si le lama ne l'avait pas su ? Je ne suis pas un sot.

– Lui as-tu rapporté ma promesse qu'il aurait la pierre ?

– Non ! Combien de fois faut-il te dire que je ne suis pas un sot ? M'achèterait-il la pierre quand je lui aurais rapporté cette promesse ?

– La lettre, la lettre ! s'écria Mme Campbell. Êtes-vous bâti de fer, Ommony ? Comment pouvez-vous tenir à la main une lettre mystérieuse sans mourir d'envie de savoir ce qu'elle contient ? Donnez-la moi ! Je l'ouvrirai, si vous ne voulez pas le faire !

Ommony lui passa la lettre. John MacGregor alluma une nouvelle cigarette.

La lettre était écrite sur papier ivoire de format long comme celle qui était arrivée au bureau de MacGregor dans un tube d'argent. Mais cette fois l'écriture n'était pas européenne, bien que les mots fussent anglais ; elle trahissait une main qui, habituée au pinceau chinois, avait dessiné chaque trait de plume comme une œuvre d'art.

À Cottswold Ommony, Esquire,
à la maison de son ami.

Puisse le destin vous faire bonne mesure de miséricorde ! Le morceau de jade n'appartient ni à vous ni à moi. Une âme monte ou descend selon les actes accomplis dans cette vallée d'indécision. Vous êtes de ceux qu'une récompense ne séduit pas, pour qui les honneurs, pas plus que les richesses, ne sauraient remplacer la satisfaction d'avoir agi droitement. Rien ne se fait dans cette vie qui ne soit balancé par la justice dans les vies futures, et le but ultime est la paix. Puissiez-vous l'atteindre ! Les actions ne s'exécutent pas par la main d'autrui, et l'on n'atteint pas le but sans avoir fait tout ce qui se trouve au début. Ainsi le commencement est la fin, et la fin est le commencement, comme dans le cercle, dont on ne peut s'échap-

per que par la Voie moyenne, laquelle se trouve, non pas au loin, mais aux pieds de qui la cherche. Portez la pierre à Tilgaun; c'est une étape du voyage vers l'endroit d'où elle vient. Au-delà de Tilgaun, laissez-en la responsabilité à ceux à qui échoit ce fardeau. Il y a danger à accomplir le devoir d'autrui. La paix soit avec vous. Puisse-t-elle se multiplier dans votre âme.

TSIANG SANDUP

Mme Campbell lut cette lettre à haute voix. Sans sourire, elle la passa à Ommony et observa ses traits. Il la lut deux fois, les sourcils froncés, et la transmit à MacGregor, qui fit entendre son jappement de renard.

Il plia la lettre avec décision et la mit dans sa poche.

– Où a-t-il appris à écrire si bien l'anglais? demanda-t-il.

– À Oxford, répondit Ommony. Il y a passé son doctorat en théosophie et son doctorat en droit; du moins Marmaduke me l'a affirmé. Mais pourquoi ne pas m'avoir donné rendez-vous au lieu de m'écrire cette lettre-là?

Mme Campbell se mit à rire.

– Il vous connaît évidemment mieux que vous ne le connaissez.

– Le connaître! Je ne l'ai jamais rencontré, répliqua Ommony. Je l'ai vu aujourd'hui pour la première fois, en me cachant derrière un Bouddha de bronze dans la boutique de Chutter Chand. En maintes occasions il aurait dû se rencontrer avec moi, pour m'entretenir de détails ayant trait à notre mandat testamentaire, mais j'ai toujours été obligé de tout faire par correspondance. Il a mis sa signature au bas de tous les papiers que j'ai rédigés, et il a consenti à toutes les propositions que j'ai faites. Autant que je sache, il n'a pas eu grand-chose à dire à Anna Sanburn — il ne discute jamais avec elle — bien qu'il examine les comptes et les papiers et qu'il ne manque jamais de visiter la mission au moins une fois l'an. Le diable l'emporte! Pourquoi a-t-il peur de moi? Ne pouvait-il pas entrer, au lieu de laisser sur le seuil cette lettre sotte?

– Cette lettre sage !

Mme Campbell retourna au piano. Il n'y avait que du Rimsky-Korsakoff pour décrire ses sensations.

– Il sait évidemment comment vous prendre.

Elle commença à jouer. Dawa Tsering, penchant la tête de côté comme un oiseau, regardait ses doigts et écoutait attentivement.

– Il y a des démons dans la machine, dit-il au bout d'un moment. Donne-moi mon couteau, Ommony, et laisse-moi partir.

Mais Ommony, qui arpentait le parquet, les mains derrière le dos et les sourcils froncés, ne faisait attention à personne. Il était perdu dans le royaume de ses conjectures personnelles.

– Le diable l'emporte ! s'écria-t-il soudain. Ne peut-il pas se confier à moi ? J'ai horreur de soupçonner un homme. Y a-t-il quelque part de l'encre et du papier ?

Assis à un secrétaire, il déchira feuille sur feuille, puis se mit à ricaner et s'arrêta à une rédaction définitive.

– Voilà qui fera l'affaire ! C'est suffisamment obscur. Je le fais sauter avec son propre pétard.

Il montra sa lettre à MacGregor, qui la lut à haute voix. Mme Campbell jouait très doucement, tout en écoutant.

Au saint lama Tsiang Sandup
à l'endroit qu'il a choisi pour se cacher.

Je prendrai la Voie moyenne si je puis la trouver, et j'espère qu'aucun de nous deux ne se perdra. Je vous souhaite plein succès.

Cottswold Ommony

– Du sarcasme ? dit Mme Campbell. Je me demande si cela donne de bons résultats !

– Nous verrons bien.

Ommony cacheta l'enveloppe sur laquelle il avait écrit simplement « Tsiang Sandup », et se pencha sur Dawa Tsering.

– Porte cette lettre au lama. Reviens ici avec la preuve que tu l'as remise, et tu auras ton couteau.

– Envoyez-le dans mon dog-cart, conseilla MacGregor. Mon *saïs* (palefrenier) est un de ces oiseaux rares qui font ce qu'on leur dit. Il ne parle ni ne questionne.

CHAPITRE V

MARCHAND D'HABITS

Une heure s'écoula presque sans paroles, et minuit était passé depuis longtemps lorsque les roues du dog-cart grincèrent sur le sable de l'allée derrière la maison, et que Diane s'éveilla pour en informer la lune.

Dawa Tsering fut introduit par la porte de derrière, amené par le maître d'hôtel qui se bouchait ostensiblement le nez, mais qui se garda de refermer complètement la porte en se retirant. Ommony marcha vers cette porte, l'ouvrit en grand, regarda bien dans les yeux le Goanais effrayé et le suivit du regard jusqu'à ce qu'il eût disparu à l'autre bout du corridor.

– Eh bien ! dit-il en refermant soigneusement la porte.

– Le lama est parti ! annonça Dawa Tsering d'un ton dramatique. Si j'avais eu mon couteau, j'aurais tué l'impudent qui m'a appris cette nouvelle, un démon à boyaux de porc avec ses yeux de poule, un *ragyaba* (rebut de la société thibétaine) qui a prétendu ne pas me connaître. Voici la lettre. Et maintenant, donne-moi mon couteau, Ommony !

Ommony passa dans le vestibule et tira le couteau de derrière un porte-manteau. Dawa Tsering passa amoureusement le pouce sur le tranchant de la lame avant de la remettre dans le fourreau de cuir dissimulé sous sa chemise.

– Me voilà redevenu un homme, dit-il avec componction. À présent les porteurs d'immondices feront bien de se tenir au large.

Ommony l'observa en silence pendant un certain temps.

– As-tu jamais pris un bain? demanda-t-il avec intérêt.

– Oui. Tsiang Sandup et son chéla m'en faisaient prendre un toutes les fois qu'ils y pensaient. C'est ainsi que j'ai su qu'ils ne sont pas d'une sainteté particulière. Il y a en eux quelque chose d'hérétique que je ne comprends pas.

– Je suis pire qu'eux, dit Ommony.

– Sans doute, ils ont leurs qualités.

– Moi je n'en ai pas. Il faudra te laver toutes les fois que je te le dirai, et je t'en donnerai l'ordre plus souvent qu'eux! À partir de maintenant tu es mon serviteur.

– Oh! Qui dit cela?

– Moi.

– Est-ce donc que tu le désires?

– Non, c'est parce que tu l'es déjà. Je puis disposer de toi à mon gré, dit Ommony. Je pourrais t'envoyer en prison pour meurtres et pillage de trains et pour tentative d'assassinat contre ma personne cet après-midi. Ou bien je suis libre de régler mon compte avec toi de toute autre façon.

– C'est vrai, plus ou moins. Oui, il y a quelque chose dans ce que tu dis, Ommony.

– Ce n'est pas plus ou moins vrai: c'est tout à fait vrai.

– Comment cela? N'ai-je pas mon couteau? Voudrais-tu te battre avec moi? Je puis tuer ta chienne aussi facilement que t'étriper toi-même.

– Non, dit Ommony. Aucun homme d'honneur ne peut faire cela à son maître. N'es-tu pas un homme d'honneur?

– Personne ne l'est plus que moi.

– Et je suis ton maître. Donc la question est réglée.

Dawa Tsering parut embarrassé. Il y avait dans ce raisonnement quelque chose qui lui échappait. Mais c'est ce que les gens ne comprennent pas qui les attelle au char d'autrui.

– Eh bien, je n'ai pas envie de retourner à Spiti pour le moment, dit-il pensivement. Mais c'est ce bain! Tous les combien? Et puis, c'est contraire à ma religion, maintenant que j'y pense.

– Change de religion, alors. À présent, plus de discussion. De quel côté le lama est-il parti?

– Oh! quant à cela, je crois que je pourrais le découvrir. Combien me paieras-tu?

– Trente roupies par mois, des vêtements neufs, deux couvertures et ta nourriture.

– C'est presque comme si je n'étais pas payé du tout, dit Dawa Tsering. Pour profiter à ce compte-là il me faudrait tant manger que mon ventre risquerait d'éclater. Ce n'est pas agréable de trop manger.

– En prison on te donnerait juste assez à manger et pas du tout d'argent.

– Tu es un homme dur, Ommony.

– Oui, je t'en ai prévenu.

– Oh, après tout, je suppose que c'est pour le mieux. Un couteau mou est vite émoussé, et il en est de même des hommes. Ceux qui cèdent, on ne peut pas compter dessus. Paie-moi un mois de gages d'avance, et demain nous achèterons les couvertures.

– À partir de maintenant et jusqu'à ce que je te libère, tes désirs ne comptent plus, déclara sévèrement Ommony. Va m'attendre sous le porche. Essaye de gagner l'amitié de la chienne. Elle peut t'enseigner un tas de choses qu'il te faudra apprendre de façon ou d'autre. Si elle te laisse le loisir de penser, tâche de t'imaginer de quel côté le lama peut bien être allé.

Dawa Tsering traversa le vestibule, trop impressionné par la nouveauté de la situation pour murmurer même intérieurement. Ommony alla à la fenêtre et dit deux ou trois mots à Diane, dont la longue queue battit une réponse sur les planches de bois de teck. Bientôt s'éleva la voix de Dawa Tsering:

– Ô toi! mon temps n'est pas venu d'être mangé. Sois raisonnable!

Ommony, par les fentes des volets, le vit s'asseoir presque à portée de la chienne, regardant droit devant lui les étoiles à l'horizon du nord. Il se tourna vers Mme Campbell.

– Et maintenant je vais vous laisser dormir. Quand Mac et moi venons chez vous, nous oublions invariablement les bonnes manières en nous attardant jusqu'à des heures indues.

Mais sur un signe d'elle il se rassit. Elle rabattit le couvercle du piano et le ferma à clef.

– Ommony, demanda-t-elle, confiez-moi ce que vous avez dans l'esprit. Vous en avez dit trop ou trop peu.

– J'ai dit tout ce que je sais, ou du moins tout ce que j'ose dire, même à vous, répondit Ommony. En réalité, je crois que je suis un peu vexé. Ce lama a eu vingt occasions pour une de comprendre que je ne trahirais pas une confidence. J'ai la réputation de me refuser à communiquer au gouvernement ce que je connais sur le compte des individus, et le lama le sait parfaitement. J'ai risqué ma place cinquante fois pour une en m'obstinant à tenir ma langue. Est-ce vrai, Mac?

– C'est la pure vérité, dit MacGregor avec un petit rire sec. Je me souviens qu'une fois j'ai considéré comme mon devoir de conseiller qu'on vous menaçât de punitions sévères. J'aurais ordonné pour vous la torture, si ce moyen n'était démodé. En outre, je doutais de son efficacité dans votre cas.

Ommony grimaça un sourire. Il préférait cet éloge à tous les honneurs.

– Que le lama aille donc au diable! continua-t-il avec ferveur. Il s'est tenu à l'écart pendant vingt ans. Je suis certain qu'il me cache délibérément quelque chose. Je n'ai pas la moindre idée de ce que c'est, mais ce fragment de jade s'y rattache probablement. Je vais le poursuivre, le tenter, lui forcer la main.

– Êtes-vous bien sûr que vous n'avez pas la moindre idée de ce qu'il vous cache? demanda Mme Campbell.

Et Ommony la regarda fixement, tandis que MacGregor soufflait de la fumée au plafond.

– Peut-être en ai-je une vague notion, en effet, répondit-il lentement. Je le soupçonne parfois de savoir ce qui a attiré Fred Terry et ma sœur dans le pays d'Abor.

– Et alors?

– Peut-être sait-il ce qu'ils sont devenus.

Elle eut un sourire et un soupir.

– Eh bien, nous nous reverrons tous les trois avant votre départ, je suppose?

– Non, dit Ommony. J'espère être parti avant l'aurore. Je vous écrirai quand j'en trouverai l'occasion. Si nous ne devons plus nous revoir de ce côté-ci du tribunal de Yama...

– Oh! quelle absurdité!

– Néanmoins, en tout cas... votre amitié a été l'une des choses qui m'auront rendu la vie supportable dans l'Inde.

Les deux hommes prirent congé.

– À l'hôtel, n'est-ce pas? demanda MacGregor qui conduisait le dog-cart à petit trot à travers les rues de la ville endormie.

– Non, déposez-moi dans la Chandni Chowk. Je vous dirais où arrêter.

«Demain matin, je veux dire ce matin... vous seriez bien aimable... d'emballer mes affaires à l'hôtel... et d'envoyer le tout à Tilgaun... par un intermédiaire à qui l'on puisse se fier... Qu'il les laisse à Miss Sanburn...

– Avez-vous besoin d'argent? demanda MacGregor.

– J'en ai suffisamment. S'il m'en faut davantage, je tirerai des traites sur Chutter Chand.

– Vous emmenez la chienne avec vous?

– Naturellement.

MacGregor sourit en aparté. Ommony le remarqua.

– À propos, Mac, n'essayez pas de suivre ma piste.

– Hum, hum! fit MacGregor.

Ommony avança la mâchoire.

– Peut-être n'en saurais-je rien, mais eux le sauraient, Mac. On ne pourrait pas leur cacher une chose de ce genre. Ils me fermeraient la Voie moyenne.

MacGregor siffla doucement. La Voie moyenne, qui conduit au nirvâna, n'est pas précisément un secret; le premier venu peut glaner des renseignements à ce sujet dans mille livres divers, et pour s'engager dans cette voie il suffit de fouler aux pieds le désir. Mais le Service Secret n'a rien à voir avec ce sens ésotérique. Ésotériquement parlant, la Voie moyenne est une piste que depuis plus d'un siècle le Service Secret, de tout son cœur curieux, cherche à découvrir.

– Je parle sérieusement, Mac! Je puis arriver à mon but en brûlant tous les ponts derrière moi. Le peu que je sais, je ne l'ai pas appris en vous tenant au courant de mes actes. Vous le savez bien.

– Hum, hum! Et si vous êtes tué... si vous disparaissez!...

– Cela me regarde.

– En tant qu'ami, vous avez raison. En tant qu'auxiliaire, vous êtes indépendant et décevant en diable, dit MacGregor. Enfin, agissez à votre guise. Je vous prends au mot, souvenez-vous-en! Si vous tombez dans le fossé, il n'y aura pas d'ambulance.

– Parfait! Alors, c'est ici que je m'évanouis. Arrêtez près de ce réverbère, voulez-vous? Eh bien, au revoir, vieux camarade! Personnellement, vous ne trouvez rien à redire à ma conduite?

– Non, certes, rien de personnel. Je voudrais bien aller avec vous. Bonne chance! Au revoir, mon vieux!

Diane sauta du siège de derrière et Dawa Tsering en fit autant. MacGregor s'éloigna avec la voiture, sans se retourner.

Ommony n'essaya même pas de se dissimuler, mais marcha droit à une porte entre deux devantures de boutiques et y tambourina à coups de poing. Il dut attendre environ trois minutes avant que la porte s'ouvrît, avec précaution d'abord, puis, après un instant d'arrêt, précipitamment et toute grande.

Un Juif ensommeillé l'accueillit, un Juif au nez busqué dénotant son orthodoxie, et pourvu d'une barbe en broussaille qu'il caressait de ses longs doigts nerveux, du moins extraordinairement agiles.

– Ommony! À cette heure de nuit! dit-il en anglais parfaitement correct, bien que son accoutrement n'eût rien de britannique.

Il portait un turban de soie brodée et un long châle de cachemire par-dessus une chemise de coton et un pantalon en forme de sac. Ses pieds nus se montraient entre les courroies de ses sandales.

– Laissez-moi entrer, Benjamin !

Le Juif hocha la tête et, levant une lanterne, précéda son visiteur dans un corridor menant à une vaste pièce où se dressaient des piles de vêtements de toutes formes et couleurs, neufs ou d'occasion.

– Je vais vous faire apporter du thé, dit Benjamin, posant la lanterne à terre et traînant les pieds vers un escalier obscur.

On eût dit qu'il voulait gagner du temps pour réfléchir avant d'engager une conversation quelconque.

Ommony s'assit sur un tas de couvertures et fit signe à Dawa Tsering d'approcher de la lumière.

– Tu sauras maintenant où me trouver, dit-il. Quand le Juif va revenir, il te fera sortir par la porte de derrière. Tu chercheras ton chemin pour aller à cette maison au fond de la cour, et tu diras à ces Thibétains qu'à moins que cette lettre — tu l'as toujours — ne soit remise au lama, *il ne recevra jamais ce qu'il est venu chercher à Delhi.* M'as-tu compris ?

– Me prends-tu pour un sot, Ommony ? Tu veux dire que s'il reçoit cette lettre, il aura la pierre verte ? Mais c'est là le langage d'un insensé ! Dis-lui qu'il doit *acheter* la pierre verte, et laisse-moi conclure le marché !

Ommony ne manifesta pas plus d'impatience que quand il avait commencé l'éducation de Diane.

– Je vois que je ne puis t'employer à rien, après tout, dit-il d'un air ennuyé.

– Bah ! un aveugle y verrait plus clair que toi. Il est clair comme cette lanterne que toi et moi sommes destinés à nous rendre utiles l'un à l'autre. Non, Ommony, je ne m'en irai pas. Je ne vaux pas la peine d'être payé ? Eh bien, je resterai à ton service pour rien. Tu m'entends, Ommony ? C'est là parler comme quelqu'un de grand, de hardi ; mais je me moque que tu me fasses jeter en prison si je dois partir d'ici. Je dis que je ne m'en irai pas. Tu ne réponds pas, hein ? Très bien. J'irai avec ta lettre et ta commission. Alors tu verras ! Un de ces jours tu me diras que j'avais raison. Où est ce marchand juif ?

Benjamin revint en traînant les pieds dans le corridor et apparut comme un spectre étiré dans le cadre obscur de la porte. Dawa Tsering s'approcha d'un air fanfaron en lui demandant à sortir, et Ommony, d'un geste, indiqua l'issue de derrière. Benjamin, bien éveillé maintenant, observait tout de ses petits yeux brillants; il ramassa la lanterne et, laissant Ommony dans l'obscurité, passa le premier dans une autre grande chambre du fond, où une porte ouvrait sur une allée.

– Celui-là n'est pas seulement puant, il est possédé d'un démon: prenez garde à lui, Ommony! dit le Juif en revenant s'asseoir sur la pile de couvertures. Ma fille va vous apporter du thé dans une minute. Ha, ha! Nous avons tous vieilli depuis que vous nous avez cachés dans votre fameuse forêt... où il y a des fantômes, Ommony, et des loups et des tigres! Brr! Quel temps c'était là! Notre propre peuple dressé contre nous! Personne que vous, Ommony, ne croyant à notre innocence! Brr! Cette caverne était un repaire de terreur, mais vous aviez bon cœur. J'ai laissé mon âge moyen dans cette caverne, Ommony! Depuis quinze ans je suis un vieillard.

Sa fille arriva, portant une autre lanterne et un plateau de cuivre de Bénarès.

La Juive versa le thé dans des tasses de porcelaine qui avaient jadis appartenu à un rajah, et tous trois burent ensemble comme s'ils accomplissaient un rite sacré, après avoir entrechoqué leurs tasses en murmurant des mots qu'on ne retrouve dans aucun dictionnaire. Puis la femme se retira, et Ommony, le dos appuyé au mur, la grosse tête de Diane posée sur ses genoux, se mit à discuter avec Benjamin de choses qui eussent fait tinter les oreilles à MacGregor s'il en avait eu vent.

– Oui, Ommony, oui! Je sais par quelle route voyage le lama. Je sais quelques petits détails encore à son sujet... Laissez-moi réfléchir. Il y a du danger, Ommony, mais... mais... (Les yeux de Benjamin brillaient, ses doigts s'agitaient nerveusement, comme s'il pétrissait quelque chose de concret avec des ingrédients invisibles.) Vous rappelez-vous le temps où vous m'avez assuré l'affaire des costumes dans le Panch

Mahal, à Pégou, lorsque le rajah se maria et dépensa une fortune en une semaine?... S'est-il jamais douté que vous et moi avions joué des rôles dans cette pièce? Eh, eh! Vous rappelez-vous comme les bayadères étaient curieuses? Quelles actrices c'étaient! Quelles artistes incomparables! Quelle époque!... Eh bien, pourquoi ne pas redevenir acteur en la circonstance? Ommony, vous connaissez toutes les pièces hindoues. Je vous ai vu jouer le rôle de *Pourouravas* et, croyez-moi, je me pinçais pour me prouver que c'était réel... Écoutez: le lama Tsiang Sandup projette, pour certaines raisons, d'emmener dans le nord une troupe théâtrale.

Pour qui ne le connaissait pas intimement, il eût été difficile d'admettre qu'Ommony, assis là contre le mur en habit de soirée, pût jouer d'autre rôle que celui d'un Anglais ultra-conservateur et dépourvu d'imagination. On ne pouvait soupçonner chez lui aucune teinte d'orientalisme, ni la moindre trace de caractère artiste. Seule l'affection manifeste de Benjamin — une admiration semi-familière, semi-obséquieuse, — aurait pu suggérer qu'il recélait d'autres capacités. Il regardait droit devant lui, fronçait un peu le sourcil, sachant que Benjamin grillait de révéler une chose confidentielle.

– Leur directeur est un nommé Maïtraya. Son meilleur acteur est mort récemment. Il lui faudra jouer lui-même les principaux rôles, à moins que...

– Je ne vois pas l'avantage... objecta Ommony.

Mais si, il le vit à l'instant même.

– Écoutez, Ommony. Il n'y a de marché solide que celui où tout le monde a quelque chose à gagner. Maïtraya me doit de l'argent. Il ne peut pas me payer. Il est honnête. Il me paierait s'il le pouvait. Je détiens ses *houndis* (promesses de paiement). Je pourrais le ruiner. Il est obligé de faire ce que je voudrai. Ce serait la solution de tous ses embarras, et... je pourrais même lui consentir une petite avance pour ses besoins. Il lui faudrait peu de chose, une toute petite somme. Et il est obligé de faire ce que je veux, vous comprenez? Il devra vous prendre si je le lui dis. Le lama m'a donné commission d'engager les acteurs...

– Mais ne voudra-t-il pas être parfaitement renseigné à leur sujet? demanda politiquement Ommony, trop avisé pour repousser carrément les propositions de Benjamin.

Benjamin se calma subitement, lança un vif regard à Ommony, et changea pour ainsi dire son fusil d'épaule. Il devenait clair qu'il avait ses propres fers à mettre au feu.

– Naturellement si vous me demandez, Ommony... si vous me demandez mon avis, entre hommes d'affaires, je vous poserai cette question: Pourquoi ne pas aller droit à Tilgaun et y attendre le lama? Vous dites qu'il cherche un morceau de jade qui est entre vos mains: ne vous suivrait-il pas à Tilgaun si vous y alliez tout droit? Que d'ennuis cela vous épargnerait! Que de risques vous éviteriez!

– Et que de renseignements j'y prendrais! dit Ommony.

– Montrez-moi le jade, Ommony.

– Impossible. Je l'ai envoyé à Tilgaun. Le lama n'en sait rien. Il croit que je l'ai sur moi.

– Eh bien, dans ce cas, si vous allez à Tilgaun, ne vous suivra-t-il pas?

– Sans doute, mais je préfère le suivre. Voici ce qu'il en est: vous et moi, Benjamin, nous sommes amis depuis quinze ans, n'est-ce pas? Si vous avez des secrets à me cacher — et vous devez en avoir des tas —, vous me le dites carrément, et j'ai soin de fermer les yeux et les oreilles. Lorsque par accident je bute sur quelque chose, je le chasse de mon esprit, je l'oublie. Quand vous m'honorerez de votre confiance, je n'en abuserai pas. Et je sais que vous me traiteriez de la même façon. Mais ce lama est soi-disant mon ami depuis vingt ans, bien que, jusqu'à hier, je ne l'aie jamais rencontré face à face. Il s'est toujours arrangé pour m'éviter, sans m'en donner aucune raison, et il a semé en moi l'impression qu'il me cache un grand secret, sans avoir la courtoisie de me prier de refréner ma curiosité naturelle. Survient cette affaire du jade, avec toutes sortes de mystères accessoires. Il découvre que le fragment est entre mes mains. Au lieu de me le demander, et de me prier, en qualité d'ami, de ne pas approfondir le mystère, il m'espionne, et, comptant délibérément sur mon honnêteté et ma courtoisie, se tient à l'écart et se cache de moi. Il tire des plans pour me rencontrer à Tilgaun, où il peut avoir le bras plus long que moi. J'avais pris l'habitude de le considérer comme un vieux sage, un saint, mais ces derniers temps il m'a amené à le soupçonner de profonde malice. En m'espionnant il m'invite ouvertement à lui rendre la pareille. Je me propose de découvrir tout ce que je pourrai sur son compte. Si, pendant tant d'années, il s'est servi de moi comme paravent…

– Vous pourriez commencer à Tilgaun, Ommony, tout aussi bien qu'ici, dit Benjamin, se caressant la barbe.

– Non. Il veut que j'aille droit à Tilgaun. Je n'ai pas l'intention de me laisser manœuvrer par lui. Le bon endroit pour commencer à débrouiller un mystère, c'est à un bout ou à l'autre.

– Il se peut qu'il vous ait suivi jusqu'à ma demeure, Ommony. Si vous alliez avec Maïtraya, le lama le saurait. S'il croit que vous avez la pierre entre les mains, il vous…

– Il essaiera probablement de me la voler J'espère qu'il dépensera toute son ingéniosité. Je puis créer un mystère pour son propre compte ; il sera embarrassé. Il n'osera pas me faire assassiner avant de savoir avec certitude où est la pierre. De peur d'en perdre entièrement la piste il sera obligé de faire tout son possible pour préserver ma vie et éviter de me démasquer.

Benjamin se mit à arpenter le plancher entre les piles de vêtements assortis. Il semblait partagé entre l'intérêt personnel et le désir de donner à Ommony le meilleur conseil possible. Enfin il s'immobilisa devant lui.

– Si je vous confiais… des choses que je dois taire… que penseriez-vous de moi ? demanda-t-il.

Ommony éclata de rire.

– Supposons que je vous dise d'abord ce que, selon moi, vous avez dans l'esprit ? dit-il. Vieux naïf ! Que croyez-vous donc que je sois venu faire chez vous à pareille heure de nuit ?

Il regarda le mur derrière lui :

– Ce n'est pas à Delhi que vous avez trouvé ce masque de démon. Il est pendu là pour avertir certains Thibétains qu'ils sont venus au bon endroit. Je sais depuis plus de neuf ans que vous êtes l'agent d'affaires de certain monastère du pays d'Abor. Cependant, c'est votre secret ; vous n'avez pas besoin de me divulguer des choses contre votre gré.

Benjamin le regarda fixement, un peu scandalisé et étonné, un vieux Benjamin un peu rusé, avec son turban légèrement de travers et sa lèvre inférieure pendante. Et il y avait une ombre de terreur dans ses yeux.

– Que savez-vous de plus, vous, Ommony ? demanda-t-il.

– Rien. Du moins, rien de plus que ce qu'un aveugle, vous connaissant, ne pourrait s'empêcher de savoir. Restez bouche close, si vous voulez. Je ne fourre pas le nez dans les affaires de mes amis, et vous n'êtes pas comme le lama. Vous ne m'avez jamais rien caché de ce que j'avais droit à savoir.

– Non, je ne suis pas comme le lama, Ommony. Si vous saviez !

« Le lama Tsiang Sandup est un homme de valeur… Il vaut mieux que nous deux ! dit Benjamin avec emphase, comme s'il essayait de se convaincre lui-même. Dieu me préserve de lui jouer un tour ! Mais… mais…

Pas un mot d'Ommony ! Selon toute apparence il rêvassait d'autre chose, tripotant le collier de Diane, fouillant les ombres au-delà de la lanterne. Benjamin éclata tout à coup en paroles :

– Voilà quinze… près de seize ans, Ommony, que je suis l'agent du lama Tsiang Sandup ! Vous ne croiriez jamais quel genre de marchandises il achète ! Des choses pas ordinaires ! Et il paie en lingots… de l'or en barres ! Attendez… je vais vous montrer !

Il alla ouvrir un coffre-fort dans un coin du magasin et en tira trois petites barres d'or massif qu'il donna à soupeser à Ommony. Elles ne portaient aucune marque permettant d'identifier leur lieu d'origine.

– J'en ai reçu des douzaines comme cela de lui, des douzaines !

Benjamin vint s'asseoir sur la pile de couvertures, posa une main sur l'épaule d'Ommony, avança le menton et leva les yeux en vrille.

– Si jamais il apprenait que je vous l'ai dit…

– Ce n'est pas moi qui l'en informerai.

– Des filles… De jolies petites filles… toutes jeunes!

Ommony tressaillit comme sous une piqûre. Ses yeux étincelèrent comme ceux d'un homme qui vient d'être indignement insulté.

– Des fillettes européennes! Des petites orphelines! Sept d'entre elles! Hein, Ommony, qu'en dites-vous? Et tout ce dont elles ont besoin, constamment, des livres, de petits vêtements. Ah! C'est qu'elles grandissent, les petites! Des bas, des souliers! Hein, vous ne vous attendiez pas à cela?

– Est-ce que par hasard vous me conteriez des blagues? demanda Ommony d'une voix calme. Jusqu'à nouvel ordre, je me refuse tout simplement à vous croire.

Il n'osait dire un mot de plus de peur de laisser entrevoir à Benjamin ses sentiments réels. Il devait se servir de cet homme comme d'un allié qui, dans un sens, venait de l'obliger en le renseignant sur les véritables actions du lama. Rien d'étonnant à ce que celui-ci se tînt si soigneusement à l'écart! Ommony se força à sourire, luttant contre l'horreur de cette pensée: il était le coexécuteur d'un Thibétain qui d'une main soutenait une institution philanthropique et de l'autre importait des fillettes européennes dans un but connu seulement par les puissances du mal. Ces enlèvements d'enfants pouvaient être inspirés par des intentions plus compliquées que le vice pur et simple. Sa propre sœur…

– Vous disiez que Tsiang Sandup valait mieux que nous deux? remarqua-t-il enfin, surpris de la tranquillité de sa propre voix.

– Beaucoup mieux, affirma Benjamin. Ah, Ommony, je vois votre figure: je suis vieux mais pas aveugle. Écoutez: avez-vous vu ce qui arrive aux enfants dont les parents meurent ou les abandonnent? Je ne parle pas des enfants pauvres, mais des fillettes de bonne naissance. Je sais ce que c'est que le sentiment. Ah! j'ai vu des animaux en cage plus heureux qu'elles! Et qu'est-ce que le bonheur? Avoir le nécessaire? Bah! On donne le nécessaire aux prisonniers: irez-vous chercher le bonheur dans les prisons? Je vous montrerai des milliers de gens qui ont tout le nécessaire et rien de ce qui leur faut! Vous me comprenez? Tsiang Sandup…

– Ne vous mettez pas en peine, dit Ommony.

Je trouverai bien par moi-même.

Il ne voulait pas parler. Il avait peur de ce qu'il pourrait entendre, et plus encore de ce qu'il pourrait dire.

– Ah, je sais! dit Benjamin. Je vous connais, Ommony! Ce que je vous ai dit est un secret, c'est pourquoi vous ne voulez pas en entendre davantage, parce que vous êtes trop honnête pour violer un secret à vous confié. Mais vous n'avez fait aucune promesse au lama, n'est-ce pas?

Ommony hocha la tête d'un air farouche. C'était là l'unique éclaircie dans les nuées.

– Je pourrais vous en dire long, continua Benjamin. Mais je vous ai bien vu fermer votre esprit contre moi. Autant jeter de l'huile pour éteindre le feu que de parler à un homme qui n'a pas confiance!

– Êtes-vous jamais allé dans le pays d'Abor? demanda Ommony.

Sa voix était maintenant maussade et alourdie.

– Non, répondit Benjamin.

– Et ces… enfants sont allées dans le pays d'Abor?

– Oui.

– Alors quelle preuve avez-vous de ce que lama en a fait?

– Ommony… comme Dieu m'est témoin… je n'en ai aucune!… Je crois… je suis presque positivement sûr… mais…

Il marcha deux fois d'un bout à l'autre du magasin, puis se jeta sur les tapis à côté d'Ommony, et le regarda en face. En ce moment il était effrayé, si jamais homme le fut.

– C'est pour cela que je vous l'ai dit! J'avais juré de ne jamais le dire. Éclaircissez le mystère, Ommony! Révélez-moi la vérité avant que je meure! Je suis un vieillard, Ommony. Si j'ai été un diable, je dévorerai ma honte jusqu'à la dernière parcelle. Ommony! je le jure… par mes pères… je crois, je suis presque sûr!…

Il s'enfouit le visage dans les mains, et un silence se produisit, pendant lequel Ommony put entendre la respiration régulière de Diane et les battements de son propre cœur, en même temps que le tic-tac de sa montre dans la poche de son gilet.

CHAPITRE VI

GOUPTA RAO

Vint l'aurore, mais pas de Dawa Stering. La pâle lumière s'infiltra entre les toiles d'araignées des fenêtres, chassa l'obscurité dans les coins et l'absorba ; bientôt le masque démoniaque pendu au mur grimaça comme une chose vivante et les bruits de la rue annoncèrent le réveil de Delhi. Diane s'étira, flaira l'ambiance et la trouva douteuse ; mais elle patienterait tant qu'Ommony jugerait à propos de rester là. Benjamin traîna les pieds vers l'escalier ; sa fille arriva, apportant le *chota-hari* (petit-déjeuner) sur le plateau en cuivre, des fruits, du thé, des biscuits et un sourire qui eût capté la confiance du Pharaon, maître du Nil.

Mais le cœur d'Ommony était devenu plus dur que ne le fut jamais celui du Pharaon. À peine pouvait-il se forcer à être poli. Il but le thé et mangea les fruits parce qu'il en avait besoin, insoucieux du rituel d'amitié qui accompagna cet acte, répondant par brefs monosyllabes à des questions polies ; son esprit et sa mémoire travaillaient furieusement, indépendamment de toutes les tentatives de conversation ; sa figure était un masque, et un masque sévère, sans l'ombre d'un sourire. L'âme d'acier, chez lui, s'était installée en maîtresse.

Il n'était certes pas homme à se flatter lui-même. Mais depuis le jour où il avait pris pied dans l'Inde, il s'était efforcé de régler sa conduite de telle façon que tout ce qu'il pourrait toucher fût amélioré et qu'il n'eût à regretter aucune de ses actions ni de ses paroles. Idéal sévère, qui maintenant le faisait chanceler sous ses propres accusations.

– Fieffé sot ! dupe imbécile ! murmura-t-il sans pitié ; et Diane ouvrit un œil tout grand, prête à entrer en action.

Mais il resta assis. Il se sentait comme un homme sur le bord d'un précipice, absolument obligé de redevenir maître de lui-même avant, non pas d'atteindre la sécurité, dont il se moquait bien, mais d'essayer de porter secours aux autres. Il se reprochait d'avoir servi de paravent au lama Tsiang Sandup depuis vingt ans. Méprisant par-dessus tout les imbéciles satisfaits d'eux-mêmes, il s'accusait d'en être un. Il aurait dû soupçonner le lama. Dès lors qu'il considérait l'administration de la mission de Tilgaun comme une contribution propre et désintéressée aux besoins du monde, pourquoi donc n'avait-il pas donné depuis longtemps sa démission de fonctionnaire pour se dévouer entièrement au mandat qu'il avait accepté ? S'il eût agi ainsi, il savait bien qu'aucun lama n'aurait pu le duper ; et des fillettes n'auraient pas été introduites en contrebande dans l'inconnu en passant par Tilgaun.

Une dénonciation prématurée ne vaudrait rien. Il fallait des preuves complètes. Et il se souciait moins de punir les criminels que de secourir les enfants enlevés et de rendre pareils crimes impossibles à l'avenir ; en même temps il se demandait ce que l'on pourrait bien faire pour des fillettes dans cette lamentable situation. Les jeunes années étant les plus impressionnables elles devaient être irrémédiablement corrompues. Alors lui vint une idée encore pire : Benjamin était-il l'unique agent d'une pareille entreprise ? Dans ce coin inconnu du globe pouvait exister un marché régulier de filles européennes, que des agents secrets recrutaient à des sources diverses ? Dans ce cas, il sentait et acceptait sa pleine part de responsabilité. Quelle autre personne pouvait la partager avec lui ? Anna Sanburn était la seule. Elle aussi avait servi de paravent au lama, et si elle ignorait ce qui se passait, du moins pouvait-elle le soupçonner.

La pensée d'Anna Sanburn ne lui apporta aucun soulagement. Il se rappelait maintenant une douzaine d'incidents qui depuis bien des années auraient dû la lui rendre suspecte : le regard qu'elle avait parfois, et la nervosité qu'elle manifestait toutes les fois qu'il la pressait de lui faire rencontrer le lama. Il se souvenait qu'elle avait toujours eu soin de l'accompagner à travers la mission, sous prétexte de sauvegarder les convenances, sans jamais lui laisser l'occasion de causer seul avec aucune des filles de la maison ; il avait eu la naïveté de croire qu'elle agissait ainsi pour éviter l'ombre même d'un scandale, et la sottise d'admirer cette prudence. Il se rappelait aussi certain petit appartement voisin du sien, dont elle seule détenait la clef, et qu'il n'avait pas eu l'idée de visiter, parce qu'elle lui avait déclaré qu'elle y gardait ses affaires personnelles.

Et maintenant il y avait l'histoire que venait de raconter Mme Campbell, témoin digne de foi s'il en fut, cette histoire d'une jeune fille blanche nommée Elsa, qui parlait l'anglais et le thibétain, qui était allée à Lhassa, et qui dessinait avec la maîtrise d'un Michel-Ange ; et Anna Sanburn avait demandé qu'on gardât le secret à ce sujet ; et MacGregor avait eu des soupçons.

Il se pouvait que Marmaduke ne fût pas le père de cette étrange fille, mais cela n'excluait pas l'hypothèse qu'Anna Sanburn en fût la mère. Il paraissait vraisemblable, pour ne pas dire plus, que le lama connût bien des choses lui donnant prise sur Anna Sanburn. On comprenait facilement que cette femme bien élevée fît l'impossible pour conserver sa bonne réputation.

Ommony s'étonnait néanmoins qu'Anna Sanburn ne se fût pas confiée à lui. Elle aurait dû comprendre qu'il était prêt à la défendre, à la tirer d'un mauvais pas. Il lui avait donné des preuves d'amitié à la douzaine. Il eut un sourire plutôt renfrogné en songeant à quelles extrémités il se serait porté pour aider cette amie, et jusqu'où il se sentait prêt à aller encore. L'amitié reste l'amitié, et va, s'il le faut, jusqu'à la mort.

Benjamin revint. Il se débarrassa de ses employés sous prétexte de commissions fantaisistes et ferma derrière eux la porte de sa boutique.

– J'ai envoyé chercher Maïtraya, annonça-t-il en se caressant la barbe.

– Très bien. Trouvez-moi un costume.

Ommony quitta sa pile de couvertures et commença à se déshabiller. Les doigts agiles de Benjamin fouillèrent les étagères, et bientôt un petit tas de vêtements fut déposé sur une table.

Ommony s'habilla.

– Maintenant il me faut une vieille malle et trois ou quatre vêtements de rechange, dit-il avec brusquerie. Non, la peau de vache ne ferait pas l'affaire... Non, il y a de la colle dans cet article d'importation... Je dois observer les préjugés de caste, tout en étant soi-disant débarrassé d'eux... L'osier tressé ferait l'affaire. C'est cela... mettez-y le trousseau.

Il s'appliqua à marcher de long en large, adaptant sa personne à son costume, et cela sans difficulté. Son port naturel et hardi, acquis en parcourant les sentiers de la forêt avec un fusil sous le bras, suggérait un caractère alerte et indépendant de tout entraînement, et c'est là le secret de la véritable assurance ; ajoutez-y de bonnes manières et une connaissance intime du modèle, et l'art du comédien n'avait plus grand-chose à faire.

– Et le nom, l'honorable nom? demanda Benjamin dans l'admiration.

– Goupta Rao. Je suis un Brahmane Bhat du Rajpoutana.

Benjamin s'assit, se prit un genou entre les mains, et se mit à rire en balançant la tête.

– Oh ! cet Ommony ! Il aurait dû naître Juif ! Quelle habileté ! Personne que vous n'y aurait songé ! Un Brahmane Bhat, un être que redoutent même les rajahs, à cause de sa langue bien pendue, et qui possède le privilège de la médisance. Ah ! Vous êtes malin ! Pas un Brahmane ne vous provoquera, de peur que vous ne fassiez de lui un objet de risée... Oh ! mais attendez !... Nous avons oublié l'écuelle... il vous faut un petit sac pour la noix de bétel... et l'insigne de caste... Tenez-vous tranquille pendant que je vous le peins sur le front.

À ce moment arriva Dawa Stering. Mécontent de lui-même, il voulait paraître satisfait ; et lorsque Benjamin lui eut ouvert la porte de derrière, il ajusta ses yeux à la pénombre.

– Où est Ommony ?

Il promena ses regards à la ronde, passa avec mépris devant Ommony lui-même, et aperçut enfin l'habit de soirée et la chemise blanche quittés par lui. Il se mit à bavarder dans ce jargon hindoustani qui sert de truchement en ce pays aux cent langues, tout en arpentant le corridor et en revenant sur ses pas.

– Où est-il ? Où se cache-t-il ? Est-il parti ?

Puis, élevant la voix dans un commencement de panique :

– Ohé ! Ommony !

Il regarda Diane, mais elle ne lui fournit aucun renseignement. Couchée en rond sur le plancher, elle semblait dormir. Benjamin, l'air détaché, paraissait songer à autre chose.

– Où est-il, toi ? demanda le montagnard, s'arrêtant devant Ommony et tripotant le manche de son couteau.

Il faisait sombre dans ce coin où des selles étaient empilées jusqu'à une hauteur de dix pieds.

– Reconnaîtrais-tu sa voix ? demanda Ommony.

– Oui, même au milieu d'une foule.

– Reconnaîtrais-tu sa démarche ?

– Personne ne la reconnaîtrait mieux que moi. Vu de derrière, quand il réfléchit, il roule de cette façon, comme un ours. Mais qui es-tu ? Où est-il ?

Ommony lui tourna le dos, marcha vers le tas de couvertures près du mur et s'y assit.

– Le reconnaîtrais-tu s'il était assis ? demanda-t-il d'un air indifférent.

Et soudain Dawa Stering s'aperçut que ces questions lui étaient posées dans sa propre langue.

– Toi ! s'écria-t-il. Que les démons démolissent la baraque ! Es-tu donc magicien ?

Il le flaira trois fois :

– L'odeur même est changée. Est-ce le Juif qui a opéré cette métamorphose? Es-tu vraiment Ommony?

– Non, je suis changé. Je suis maintenant Goupta Rao. Si jamais tu m'appelles Ommony sans ma permission, j'amènerai dans tes affaires une métamorphose dont tu te souviendras. Comprends-tu?

– Goupta Rao?... euh! Un changement... Hum! Ce n'est pas une mauvaise idée. Change-moi aussi, toi. Il y a ici beaucoup de vêtements, achète-m'en. Ce lama m'a joué un sale tour. Il a disparu. J'ai trouvé son chéla Samding, lui ai remis la lettre et je lui ai dit que le lama me devait deux mois de salaire. Et il m'a répondu :

«– Le lama n'a plus rien à faire de vous.

«– As-tu jamais entendu pareille impudence, toi... quel est déjà ton nouveau nom... Goupta Rao?... Eh bien, tu devrais me déguiser aussi, de façon que je puisse surprendre ce lama et son chéla et toute sa séquelle. Alors nous verrons ce qu'un homme seul peut faire contre une demi-douzaine!»

Ommony se leva et recommença à marcher de long en large. Il serait difficile de déguiser Dawa Tsering, même si c'était recommandable. Car son allure de fanfaron faisait partie de lui au même titre que sa grande carcasse et cette simplicité foncière qui ne manquerait pas de reparaître à travers toutes les ruses. Cependant ce gaillard-là serait utile, car il en savait long sur les allées et venues du lama ; et, une fois dans les montagnes, où la vie d'un homme est courte et triste s'il n'est accompagné d'un ami armé, il deviendrait presque indispensable.

Il n'avait pris aucune résolution quand l'un des employés de Benjamin tambourina à la porte de la boutique et annonça Maïtraya. Dawa Stering était assis près de Diane, qui semblait décidément le trouver tolérable. L'acteur fit son entrée comme en scène, comme s'il se croyait un dieu ou désirait se faire passer pour tel aux yeux d'autrui.

– Vous avez manifesté le désir de me voir, Benjamin?

Il s'exprimait en ourdou. Sa voix était tragique, sa diction raffinée presque jusqu'au pédantisme. Benjamin lui fit signe de s'asseoir sur une pile de couvertures, mais il déclina l'invitation avec la superbe modestie d'un César refusant un trône.

– Puissent les dieux dans leur gloire, et entre tous l'amical et fortuné *Ganosha*, vous ceindre de beurre fondu pour la confiance que vous eûtes jadis en moi, oh, Benjamin l'entêté, père de sacs d'or, pourvoyeur de colifichets pour l'amusement des sots, patient mais trop prudent Benjamin ! Et puissent-ils aussi vous fondre le cœur, agir sur votre esprit et changer vos dispositions ! J'ai besoin de vous, Benjamin ! J'ai passé avec ce lama un marché qui me lie. C'est un fou, traître à tous ses dieux, et quand il retournera au Thibet, on le fera sûrement écarteler par des ânes sauvages pour avoir corrompu sa religion ; mais il sait une chose ou deux. Croyez-moi si vous voulez, Benjamin, il penche vers les idées modernes ! Peut-on s'imaginer pareille chose chez un Lama Ringding ! Il projette justement, ce que j'ai toujours prêché, de moderniser les pièces anciennes, en leur conservant leur charme et leur moralité, mais en les rendant compréhensibles. Cet homme est fou, fou comme un Américain, mais véritablement doué d'imagination. Cela fera sa réputation, Benjamin.

– Offre-t-il de vous payer? demanda sèchement Benjamin.

– Richement ! Princièrement ! Comme un maharadjah — avec cette différence qu'il me paiera régulièrement, au lieu de m'obliger à emprunter à ses usuriers en attendant son bon plaisir.

– Lui avez-vous demandé une avance?

– Pas de danger! Me prenez-vous pour un parasite, un mendiant, un homme sans dignité? Non, non! Je me suis souvenu de mon ami Benjamin, qui aime à conclure des affaires avec un bénéfice raisonnable, et qui serait heureux de me faire encore une petite avance, afin que je pusse lui payer ce que je lui dois déjà. Ne sommes-nous pas bons amis, Benjamin? Vous ai-je jamais fait du tort ou débité un mensonge?

– Les actes d'un homme doivent concorder avec ses paroles, répondit Benjamin. Je tiens vos *houndis* (engagements) que vous n'avez pas payés ; et vous me devez là-dessus des intérêts.

– C'est vrai, Benjamin, c'est vrai ! Je n'ai pas eu de chance. Qui pouvait prévoir la petite vérole, la mort de trois acteurs et l'incendie d'un théâtre ? Un autre eût pu répudier sa dette, et vous envoyer réclamer votre argent là où naissent la maladie et le feu. Ai-je agi ainsi, Benjamin ? Ne suis-je pas venu vous dire que je vous paierais avec le temps ?

– L'ennui, c'est que vous n'êtes pas le seul, dit Benjamin. En voici un autre qui me doit beaucoup, bien qu'il soit un fameux acteur, plus fameux que vous, un véritable grand artiste. C'est le sahib Goupta Rao, de Bikanire.

– Je n'ai jamais entendu parler de lui, dit Maïtraya, l'air un peu scandalisé, mais disposé à la condescendance.

– Un très grand acteur, répéta Benjamin ; sur quoi Ommony salua avec toute la gravité de circonstance, et Maïtraya prit sa mesure des pieds à la tête.

– Joue-t-il avec cette barbe ? demanda-t-il.

– J'ai joué récemment le rôle d'un Anglais, dit Ommony ; et son ourdou était aussi parfait et non moins pédant que celui de Maïtraya.

– Un Anglais ! Bien peu d'acteurs peuvent tenir cet emploi-là avec conviction.

Maïtraya recula d'un pas.

– Vous n'avez point le physique d'un Anglais ; je ne m'étonne pas que vous ayez laissé pousser votre barbe : c'était la seule façon de vous en tirer sans ridicule. Il faut un homme de ma taille pour jouer l'Anglais au naturel. On m'a dit que j'y excellais. Cependant j'augure que vous êtes bon dans les rôles conventionnels, concéda Maïtraya.

– Je l'ai vu et je suis un bon juge en pareille matière, déclara Benjamin. Ce que j'ai à vous dire, Maïtraya c'est que je désire vivement toucher l'argent que vous me devez tous les deux.

Benjamin prit cet air extra-calculateur qu'assument les Juifs pour faire croire à leurs clients qu'il reste encore un point indécis — une alternative moins profitable au client. C'est le truc le plus vieux du monde, plus ancien que Moïse. Maïtraya manifesta une alarme furtive.

– Mon beau-fils est absent pour un long voyage. Cela me coûte trop d'argent. J'ai besoin de fonds, continua Benjamin. Je ne vous avancerai plus rien… plus une roupie…

– À moins… ? dit Maïtraya.

Il observa le visage du vieux Juif, se flattant de pouvoir lire derrière le masque et avalant l'hameçon avec la simplicité d'un goujon affamé.

– À moins que vous ne preniez Goupta Rao avec vous…

– Je pourrais lui donner de petits rôles, dit Maïtraya, à la fois méfiant et magnanime.

– Comme acteur en vedette, poursuivit Benjamin, avec des cachets en conséquence, de façon qu'il lui soit possible de me rendre ce qu'il me doit.

– Mais il faut d'abord que je le voie jouer, objecta Maïtraya. J'ai promis au lama une troupe hors ligne, et…

– Et il faut signer vos deux noms sur ce nouvel *houndi*, dit Benjamin, de façon que vous soyez tous les deux solidaires et que je puisse faire opposition sur le salaire de Goupta Rao si je le désire.

Cette stipulation donna naissance à une discussion prolongée, où Ommony prit part suffisamment pour en accentuer la confusion et favoriser Benjamin en ayant l'air de soutenir Maïtraya. Les débours du Juif en costumes, accessoires de théâtre et argent pouvaient être très sérieux, et il n'y avait aucune raison pour que le vieux et rusé commerçant ne s'entourât point de garanties. Au bout d'une heure d'objections, d'imprécations, de gesticulations et de sabbat, Benjamin arriva à ses fins, jurant que de sa vie il n'avait passé un marché moins profitable ; et Maïtraya fut convaincu que Goupta Rao possédait tout au moins un riche vocabulaire. En outre, comme victimes jumelles de la nécessité, ayant signé tous deux une même promesse de paiement, ils avaient un titre pour devenir amis.

Ommony s'excusa et s'en alla causer avec Dawa Stering. Diane flaira Ommony avec curiosité. Ces étranges vêtements l'intriguaient, mais, après les avoir reniflés copieusement, elle se recoucha et attendit.

– Maintenant, tu es le valet de cette chienne, dit Ommony à Dawa Tsering. Si tu es bon pour elle, elle te tolérera. Je vais lui dire de prendre soin de toi, et elle le fera. Et je t'ordonne à toi de t'occuper d'elle. Empêche-la d'avoir des puces. Veille à ce qu'elle soit propre et à l'aise. Le Juif te donnera des vêtements neufs quand tu te seras lavé. Je vais m'en aller avec Maïtraya. Tu vas demeurer ici et faire en sorte que la chienne reste avec toi de bonne volonté. En temps voulu tu viendras me retrouver.

– Mais comment, Ommony ? Comment te trouverai-je ?

– Ne m'appelle plus Ommony. Souviens-toi de cela. Mon nom est Goupta Rao.

– Cela te rend encore plus difficile à trouver.

– Tu vas apprendre ce que la chienne peut faire. Quand j'enverrai un messager, elle le suivra, mais toi tu resteras ici. Comprends-tu ? Tu ne dois bouger d'ici sous aucun prétexte. Quand il me conviendra, la chienne reviendra ici toute seule et t'amènera à l'endroit où je t'attendrai. As-tu compris ?

– Non, je ne comprends pas, mais je m'arrangerai. Je crois que tu ferais un bon pilleur de trains, Om... je veux dire, Goupta Rao !

CHAPITRE VII

VASANTASÉNA

Il fallut cinq bonnes minutes pour persuader Diane qu'elle était désormais responsable de Dawa Tsering ; mais une fois convaincue, elle accepta ce nouveau devoir sans se plaindre, et ne fit entendre aucune protestation lorsqu'Ommony, acceptant l'invitation de Maïtraya, partit à la recherche du lama. Côte à côte dans un *tikka-garri* (voiture découverte à un seul cheval) les deux hommes parcoururent les rues encombrées, croisant de temps à autre des Anglais parfaitement connus d'Ommony. Nombre de commerçants, musulmans autant qu'hindous, s'inclinaient à leurs fenêtres ou sur le trottoir pour saluer Maïtraya comme un personnage royal.

– Je suis surpris qu'un homme de votre qualité ait consenti à se laisser employer par ce bonhomme de lama, dit Ommony. Naturellement, si vous n'y voyez pas d'inconvénients, moi non plus ; mais comment est-ce arrivé ?

– Vous ne sauriez le croire. C'est un bien étrange lama, plus anormal que la pluie en pleine chaleur ou le soleil à minuit ; j'ai le don d'attirer les gens extraordinaires. La première fois que je l'ai rencontré, il faisait partie d'un vaste auditoire qui me regardait jouer un rôle où j'excelle, celui de *Charoudatta* dans *«La charrette joujou»*. Tout de suite après, il m'invita à une représentation particulière donnée par son chéla, et me mena dans une maison mystérieuse tenue par des Thibétains, au fond d'une cour dallée ; un de ces endroits où l'on vous assassinerait pour vous prendre vos souliers, qui sentait le beurre rance, l'encens et l'étable. Pouah ! je frémis rien que d'y penser ! mais le chéla était merveilleux. Vous n'avez jamais vu un maintien si calme, un pareil équilibre de toutes les facultés ! Et la voix d'un dieu qui parlerait ! Vous verrez quand vous l'entendrez, Goupta Rao ! Vous serez aussi enthousiaste que moi. Je n'exagère rien. C'est la perfection ! Pourvu seulement que le succès ne tourne pas la tête à ce jeune homme !

– Quelle proposition le lama vous a-t-il faite? demanda Ommony.

– Une proposition insensée. Je vous ai prévenu qu'il était fou. Il a l'intention de donner des représentations gratuites — en tournées —, dans des endroits choisis par lui-même et pour une période de temps indéfinie. Je suis chargé de réunir, sous ma responsabilité, une troupe d'excellents acteurs. Elle devra comprendre trois femmes, mais les danseuses seront fournies par le lama, ainsi que les musiciens ; et Samding, le chéla, jouera les premiers rôles féminins.

– Je suis même surpris qu'il prenne d'autres femmes, remarqua Ommony. Il existe un préjugé contre les actrices. Elles sont toujours un embarras. Si un homme joue le principal rôle féminin, le contraste avec les femmes le rendra ridicule.

– Ma foi, c'est son affaire. Je lui ai suggéré cette critique, mais il a persisté dans son dessein. Tout fou qu'il est, il sait ce qu'il veut, et il est malin à certains points de vue. Quoi qu'il en soit, nous voici rendus à destination.

Et cette destination n'était pas le trait le moins surprenant du mystère. Le *tikka-gharri* s'arrêta devant une porte voûtée pratiquée dans un mur élevé, par-dessus lequel une profusion de branches dénotait un jardin bien entretenu. Des fleurs coupées étaient piquées dans les sculptures du portail, et le trottoir en était jonché. Une douzaine de voitures, la plupart attelées de chevaux de race, étaient alignées près de ce portail, et le soleil éclatant projetait sur le mur blanc les ombres d'une trentaine d'hommes en turbans de toutes couleurs, qui semblaient n'avoir rien de mieux à faire que de flâner près de l'entrée.

À l'intérieur se tenait un gros *choupra ssi*, avec une écharpe de soie citron et les vêtements les plus blancs qu'un homme eût jamais portés — plus blancs que la muraille, et raides d'empois. Il montait la garde devant une cinquantaine de paires de babouches dont la plupart étaient luxueuses et presque toutes semblaient neuves. Il n'y avait pas à hésiter sur le genre de maison — ou plutôt de palais — où l'on entrait, et la musique provenant d'une cour confirmait cette impression.

– C'est l'anniversaire de Vasantaséna, dit Maïtraya. On a commencé à le célébrer dès l'aurore. Mais qu'importe? Nous ne sommes pas de ces riches imbéciles qui se croient obligés de faire la course pour obéir à la mode. Si tard que nous venions, notre présence est un honneur.

Au-delà de la voûte s'étendait une petite cour pavée, entourée de caisses de fleurs. Plusieurs marchands étaient accroupis là derrière des plateaux couverts de bijoux, de statuettes de dieux en argent ou même en or, et de toutes sortes de cadeaux précieux que les visiteurs pouvaient avoir l'idée d'offrir à la dame du logis. Ces mercantis se montraient bruyants et sarcastiques envers ceux qui n'achetaient rien. Maïtraya fit la moue en les entendant insinuer qu'il avait depuis longtemps gaspillé sa fortune pour des femmes beaucoup moins jolies. Mais un seul regard d'Ommony suffit à mettre un terme à leurs railleries.

– Je vais chanter à Vasantaséna une chanson au sujet des chacals qui infestent sa porte, dit-il d'un ton sévère.

Sur quoi l'un des marchands s'empressa de lui offrir de l'argent, tandis qu'un autre essayait de lui mettre dans la main une statuette divine. Mais il repoussa ces gratifications.

– Croyez-vous qu'un Brahmine Bhat puisse accepter des offrandes de vos pareils? demanda-t-il.

– *Pranam! Pranam! Paunlagi!* murmurèrent-ils en levant leurs deux mains vers le front.

Alors il les bénit, comme doit le faire un Brahmine, d'une courte phrase signifiant: «La victoire soit avec vous!» Puis Maïtraya et lui franchirent une autre porte voûtée conduisant à une cour de cinquante pieds carrés. Au centre se trouvait une fontaine, autour de laquelle bavardaient une douzaine d'Hindous bien vêtus.

– À votre place, j'aurais pris l'argent de cet imbécile, dit Maïtraya. N'y avez-vous pas droit?

Ommony le regarda d'un air méprisant.

– Un tigre peut dévorer des souris s'il en a envie! déclara-t-il. Un ours peut avaler des grenouilles, s'il les aime! Un porc mange toutes sortes de choses!

Maïtraya digéra la rebuffade.

– Prenez garde! Vasantaséna est dans une fureur royale! cria quelqu'un. Personne ne peut l'apaiser. Le prince Govinda de Télingana lui a donné un *quart* de mohurs d'or, et elle l'a mis à la porte parce qu'il avait osé se présenter en bottes à l'écuyère! Je vous conseille de lui offrir deux *quarts* d'or et de l'approcher à plat ventre!

En haut, il n'y avait aucun étalage de somptuosité, mais les moindres détails révélaient l'art et le luxe de l'ancien monde. Au moment où Ommony et Maïtraya atteignaient le sommet de l'escalier, les draperies s'écartèrent à l'autre bout du vestibule, et une jeune femme apparut qui, même chez un ascète wahabi, n'aurait pas éveillé l'idée d'un ange du paradis; elle semblait trop païenne, trop convaincue que la vie doit être prise en riant et que les hommes sont des créatures amusantes; elle avait l'air d'une ondine nacrée enveloppée d'un léger brouillard, d'une de ces créatures fabuleuses qui peut-être, un jour, recevront une âme en épousant un mortel. Elle était certainement vêtue, et même de la tête aux pieds, mais son vêtement n'était pas précisément opaque.

Elle accueillit Maïtraya avec un sourire de connaissance sans familiarité, sûre d'elle-même autant que de son peu d'importance à lui. Puis elle regarda Ommony, observa la marque de caste tracée sur son front et esquissa un petit salut dérisoire, se couvrant les yeux des deux mains et murmurant :

– *Prânam.*

– Je vous présente Goupta Rao Sahib. La joie de l'Asie aura du plaisir à nous voir tous les deux, ajouta Maïtraya, prenant son air le plus cérémonieux : sur quoi elle lui rit au nez.

– Il est malaisé de lui faire plaisir, répondit-elle en regardant la main de Maïtraya.

Pas grand-chose n'échappait à ses yeux noirs. Elle regarda Ommony bien en face.

– J'ai une chanson à chanter ! dit Ommony. Dois-je y ajouter un couplet vous concernant ?...

Vivement, elle écarta le rideau, lança par-dessus l'épaule un rire impudent destiné à lui plutôt qu'à Maïtraya, et leur fit signe de la suivre dans un corridor court et large, aboutissant à une porte entrouverte d'où parvenait un murmure de voix. Elle les introduisit sans cérémonie dans une pièce carrée au bout de laquelle, sous une fenêtre, une demi-douzaine d'hommes étaient assis sur un long divan garni de coussins. Ces personnages semblaient riches et importants ; un ou deux étaient d'âge moyen. Des femmes, vêtues aussi légèrement que l'introductrice, distribuaient des cigarettes, et, entre-temps, s'asseyaient sur des coussins entassés aux pieds des hommes. Au milieu de la chambre, un Hindou en robe blanche faisait faire des tours à deux singes costumés ; les hommes de la fenêtre regardaient ce spectacle d'un air grave et ne firent pas grande attention aux nouveaux venus.

Vasantaséna n'était pas là. Son divan, richement drapé sous un baldaquin vert, au bout de la chambre faisant face à la fenêtre, était vide, mais la présence de deux porteuses d'éventail allongées sur les coussins, indiquait qu'elle ne tarderait pas à revenir. Ommony s'assit, les jambes croisées, sur un canapé couvert de coussins, au milieu du mur entre la fenêtre et le divan de Vasantaséna, et Maïtraya en fit autant. Deux femmes, avec des sourires protecteurs, leur apportèrent des cigarettes et une petite lampe dorée pour les allumer.

Une demi-minute s'écoula avant qu'Ommony saisît le trait essentiel de la scène. S'étant assuré que Maïtraya examinait les femmes avec un air de juge professionnel évidemment destiné à masquer son émotion d'homme d'âge moyen, et qu'aucun des personnages près de la fenêtre ne se souciait de lui, Ommony reporta ses regards vers le coin le plus sombre de la chambre, au-delà du divan de Vasantaséna. Là, sur une natte, était assis le lama Tsiang Sandup, son chéla à côté de lui.

Ils restaient immobiles comme des gravures. Le visage du lama, avec sa masse de rides figées, ressemblait à une pomme de pin. Il était vêtu de la robe couleur tabac qu'il portait à sa première rencontre avec Ommony, et s'il n'était pas perdu dans un rêve, il simulait le plus parfait oubli de son entourage.

– Que fait le lama en cet endroit? demanda Ommony à Maïtraya.

– Je n'en sais rien, répondit celui-ci. Il m'a fixé ce rendez-vous. Plus d'un plan important s'élabore en ce lieu! Ah, la voici!

À ce moment, une porte s'ouvrait derrière l'endroit où siégeait le lama, et Vasantaséna fit son entrée dans un chœur de murmures élogieux.

Sa vue valait les risques à courir: gracieuse et d'apparence modeste, elle marchait avec une dignité royale dont ses femmes étaient complètement dépourvues. Son vêtement n'était ni diaphane, ni extravagant. En fait de bijoux, elle ne portait qu'une lourde chaîne d'or descendant des épaules à la taille, de longs pendants d'oreille en aigue-marine, de simples bandes d'or aux poignets et un gros morceau d'orfèvrerie à la cheville droite. Elle s'enveloppait de la tête aux genoux dans un châle de soie bleu pâle où étincelaient des sequins.

Ses yeux constituaient le trait le plus remarquable de sa personne, des yeux aussi lucides que ceux de Samding, ou presque. Tout son visage rayonnait d'intelligence, bien que manquant de beauté proprement dite. Elle était trop puissante pour être jolie, trop impérieuse pour susciter des émotions impertinentes. Elle avait le type de ces femmes qui ont pu gouverner certaines principautés du Rajasthan lorsque ces nids de féodalité commencèrent leur cycle de décadence.

Elle s'installa sous le baldaquin, appuyée sur un coude parmi les coussins, un petit pied teint de henné dépassant le bord du divan. Apercevant Maïtraya, elle lui sourit.

Maïtraya s'inclina et alla s'asseoir près du lama sur le plancher, adossé au mur, fronçant les sourcils comme s'il rêvait poignard et poison.

Ce mouvement laissa Ommony à découvert, debout, se demandant si les puissances qui jusqu'ici l'avaient favorisé dans toutes les circonstances douteuses allaient continuer leurs bons offices. Il ne serait pas correct de dire que le cœur lui manquait, mais il battait comme une machine de transatlantique, et le sang lui bourdonnait aux oreilles. Peut-être eût-il cédé à sa nervosité si l'idée ne lui était venue que cette femme pouvait être un des agents du lama dans son commerce de fillettes blanches. Il oublia qu'elle était trop jeune pour avoir pu prendre part aux incidents rapportés par Benjamin, se rappelant seulement que le lama était là dans sa maison, et que la langue d'un Brahmine Bhat doit être toujours prête à faire explosion, à ébranler les fondements de n'importe quelle société.

– Ô femme plus brillante que les étoiles ! Ombre de Parvati ! Ô rosée sur des fleurs de jasmin ! commença-t-il. Je vous apporte un don meilleur que l'or !

Il fut surpris du son arrogant de sa propre voix.

Vasantaséna se prit à sourire. Nul homme ce jour-là n'avait osé se présenter les mains vides et la bouche pleine de mots si braves. Les visiteurs l'avaient assommée : en voici un qui promettait d'être amusant.

– Qu'y a-t-il de meilleur que l'or ? demanda-t-elle d'une voix qui roulait dans sa gorge comme un son d'orgue. Et à l'instant il prit l'offensive.

– La réputation ! répondit-il. Chanterai-je la vôtre ? Car vous et moi venons du Rajasthan, ô lune des désirs virils !

Elle ne répondit pas tout de suite. Il est parfaitement dans l'ordre que l'on chante des poèmes à une dame pour son anniversaire, mais il est parfois prudent pour elle d'en connaître les paroles avant de donner la permission de chanter à un Brahmine Bhat qui, à défaut de scandales réels, n'est pas en peine d'en inventer de toutes pièces.

– Comment vous appelez-vous? demanda-t-elle en souriant de nouveau.

– Goupta Rao.

Elle fronça les sourcils comme si ce nom lui suggérait de vagues réminiscences. Cependant les hommes près de la fenêtre, flairant quelque délicieux esclandre, commencèrent à réclamer la chanson. Cela la décida : elle n'allait pas se laisser tourner en ridicule devant tous ces gens.

– N'êtes-vous pas venu avec Maïtraya? demanda-t-elle tranquillement. N'est-ce pas avec Tsiang Sandup que vous avez affaire?

– Oui, si votre sourire le permet, ô miroir du ciel, dit Ommony, esquissant une révérence qui frisait de bien près la parodie.

Elle éleva la voix, pas beaucoup, mais assez pour qu'elle vibrât de puissance :

– Les nobles hôtes qui m'honorent de leur visite trouveront de bonnes distractions dans la cour intérieure. Je les enverrai prévenir dès que je désirerai revoir leur gracieux sourire!

Sans un murmure, ils se levèrent et se retirèrent en saluant.

CHAPITRE VIII

LE COURROUX DE LA DÉESSE

Les femmes allèrent occuper, sous la fenêtre, le sofa laissé vacant par les hommes, et s'y étalèrent comme des sirènes sur un rocher. Les porteuses d'éventail même les rejoignirent. Vasantaséna, étendue sur le large divan avec un coussin sous la poitrine et les deux mains sous le menton, observa Ommony pendant plusieurs minutes, curieuse sans doute de savoir pourquoi il était venu avec Maïtraya.

– Tsiang Sandup, dit-elle enfin, permettez à mes femmes de transporter votre natte ici devant moi.

Mais le lama ne voulait pas bouger ; il secoua négativement la tête. Samding prit la parole :

– Le saint lama connaît la meilleure place où s'asseoir. On ne doit pas le déranger pour sa commodité.

Cette voix donnait la note juste et vibrait comme un diapason. Elle modifiait le ton, l'atmosphère même, et affirmait un fait fondamental avec lequel tout le reste devait se mettre d'accord sous peine de rester dissonant. Vasantaséna leva les sourcils, mais céda et changea de position de manière à se trouver en face du lama.

– Si je vous abandonne mon morceau de jade, demanda enfin Vasantaséna, quelle sera ma récompense?

– Aucune, dit le lama.

– Alors, pourquoi le ferais-je? demanda à son tour Vasantaséna.

– Parce que vous désirez le faire, et que ce désir est sage, dit le lama, comme s'il répondait à la question d'un petit enfant.

– Comment savez-vous que je désire le faire?

– Comment savez-vous que vous êtes en vie? répliqua le lama.

Vasantaséna se mit à rire.

– Je crois que vous savez à qui le vendre, dit-elle, avec l'intention évidente de rabaisser la conversation à un plan où elle pût reprendre l'avantage.

– Je sais que vous ne croyez pas une pareille chose, dit le lama.

Vasantaséna soupira :

– Comment parvenez-vous à en savoir si long? demanda-t-elle. Vous semblez tout connaître. Je ne suis pas une ignorante. Une centaine d'hommes viennent ici, et aucun d'eux ne peut me faire passer pour une sotte, mais…

– Peut-être n'êtes-vous pas sotte, interrompit le lama.

– Non, je ne suis pas sotte. Il m'est loisible de murmurer un mot de-ci de-là et de faire avorter une partie du mal qui aurait pu naître, ou de faire éclore quelque bien qui, sans cela, n'aurait pas germé dans le monde. Quant à moi, qu'importe! Et pourtant… je m'attribue parfois de l'importance : je pense à donner tout mon argent aux pauvres…

– Et à les frustrer, dit le lama.

– Frustrer de quoi?

Elle le regarda, tout ébahie.

– De l'instant propice. Il n'est pas sage de les en priver. C'est au moment de notre plus grand besoin que nous apprenons quelque chose.

– C'est là une croyance impitoyable, répliqua-t-elle en regardant l'argent amoncelé dans le vase à côté d'elle. Ceci pourrait nourrir un millier de gens.

– Qu'en dit le Bhat? demanda-t-elle soudain en regardant Ommony.

Et Samding sortit de son immobilité pour jeter de côté un coup d'œil rapide et curieux.

Les privilèges ont leurs désagréments. C'est une des obligations d'un Bhat, quand on l'interroge, de répondre quelque chose, et plus il répond vite, meilleure est sa réputation.

– Je ne suis pas votre prêtre. Vous voudriez me dresser contre lui, mais rien ne m'intéresse que de savoir pourquoi j'ai été amené ici, répondit Ommony.

Vasantaséna se mit à ricaner.

– Eh bien, je suis heureuse qu'il n'y ait pas de votre argent parmi les offrandes de mon anniversaire. Je préférerais vous en donner. Tenez, servez-vous!

– Argent malpropre! dit Ommony, se rabattant sur les règles de caste qu'un Bhat peut observer, même si les autres Brahmanes refusent de le reconnaître.

– Est-ce vrai? demanda-t-elle au lama. Existe-t-il de l'argent malpropre? Ceci n'est pas tout, je suis riche. J'en possède des lacks et des lacks.

– C'est votre propriété, dit le lama, et votre responsabilité.

– Eh bien, offrit-elle, si vous voulez tout prendre, je vous le donne. Je vais me faire *Sanyasin* (religieuse). Je crois que le morceau de jade me sera plus utile que tout mon argent. Je garderai le jade.

– Je ne prendrai pas votre argent, dit le lama, et vous ne pouvez pas échapper à vos responsabilités. Il y a une Voie moyenne, et le milieu de cette voie est sous vos pieds.

Vasantaséna, le sourcil froncé, le menton dans les deux mains, scrutait le visage du lama. Ses vieux yeux, brillant au milieu d'une masse de rides, la fixaient en retour, mais il ne bougeait pas. S'il souriait, sa figure avait trop de plis pour qu'on pût en être bien sûr.

– Alors, je vais appeler mes filles et vous mettre à l'épreuve, prononça-t-elle enfin. Il faut me dire de laquelle j'ai reçu le fragment de jade.

Elle frappa des mains ; les femmes accoururent de l'autre bout de la chambre et se mirent en rang avec des airs apprêtés, dénotant leur habitude d'être admirées ; chacune d'elles avait été probablement achetée et vendue aux débuts de sa carrière ; toutefois cette cérémonie leur paraissait nouvelle et elles ne savaient trop à quoi s'attendre.

– Celle-ci, dit Vasantaséna en désignant la plus proche, est la favorite de toutes ses camarades.

– Elle ne possède pas d'autre mérite, déclara le lama, et la jeune personne parut étonnée, vexée.

– Celle-là, à l'autre bout, est la plus adroite. C'est elle qui a l'esprit le plus prompt. Elle aurait pu voler la pierre.

– Dans ce cas, elle l'aurait gardée, dit le lama, examinant ces jeunes visages. C'est la quatrième à partir de ce bout-ci. Renvoyez les autres.

Sur un signe de Vasantaséna, huit des femmes retournèrent à la fenêtre et une seule resta sur place, celle qui avait introduit Maïtraya et Ommony. Mais, privée maintenant de toute son assurance, elle semblait redouter le lama comme une colombe craint le serpent qui lui a coupé la retraite, et tremblait de tous ses membres.

– Pourquoi avez-vous peur ? demanda le lama d'une voix aussi douce que s'il parlait à une femme aimée.

Mais, d'un geste, la fille implora la protection de sa maîtresse.

– Elle a peur parce que vous y voyez clair, dit Vasantaséna. Moi aussi, j'ai peur. Êtes-vous ligué avec les dieux, ou les démons ?

– Ceci n'est pas juste, dit le lama. À qui ai-je fait du mal ?

– Vous êtes trop sage, dit Vasantaséna.

– L'Eurasien Macaulay était en possession de la pierre, continua le lama d'une voix résonnante. Certaine personne la lui avait remise hier dans un paquet qu'il devait porter à Simla et de là à Tilgaun. Tout cela aurait été très bien. Mais l'Eurasien était un homme faible. Il s'amusa avec une femme…

– Jamais un Eurasien n'est entré dans ma maison ! interrompit Vasantaséna, avec emportement.

– Cette femme avait pour mari un *Soudra* qu'un Brahmine consentait à instruire ; il remit le fragment de jade à ce Brahmine, qui vint ici, se vanta... et prit de l'opium...

– Il avait apporté la drogue avec lui. Je n'ai jamais donné d'opium à aucun homme ! interrompit Vasantaséna.

– Elle lui prit la pierre et vous l'apporta : tout cela dans l'espace d'une nuit, déclara le lama.

– Comment le savez-vous ?

– Je le sais.

– Comment savez-vous que c'était cette fille-là ?

– Elle seule était capable de vous la donner. N'importe laquelle des autres l'aurait gardée.

Ommony parvint à maîtriser ses émotions ; ce n'était pas chose facile, car il venait d'acquérir la preuve d'un système de contre-espionnage mieux organisé que le Service Secret. Comment le lama savait-il que la pierre avait été confiée à MacGregor, puis remise à Macaulay pour être portée à Tilgaun ? Une fois ces informations acquises, il devenait relativement facile de poursuivre la piste : mais sûrement MacGregor n'avait pas commis d'indiscrétion. La révélation ne pouvait venir que de Macaulay ou du *saïs* de MacGregor.

Vasantaséna fouilla sous les coussins et exhiba le morceau de jade ; c'était bien celui qui avait été en la possession d'Ommony. Il n'y avait pas à se tromper sur sa forme particulière ni sur sa transparence et sa couleur marine. En le voyant, Samding cligna les yeux malgré lui et sur son visage s'épanouit instantanément un sourire aussi attrayant que la merveille de cette pierre. Vasantaséna remarqua ce changement d'expression.

– Donnez-moi votre chéla en échange, s'écria-t-elle soudain. Je pourrais supporter ce garçon-là. Il ressemble à un dieu. Il ne lui manque que de la passion pour l'éveiller. Je ne comprends rien à cette pierre qui m'éblouit quand j'y regarde et m'assombrit d'une sorte de frayeur de moi-même. Votre chéla, lui, me fait sentir l'existence d'un avenir. En regardant ses yeux, je comprends qu'on puisse atteindre la sagesse. Je lui enseignerai la passion, et il m'enseignera le désir pur.

Le lama se laissa aller à une douce hilarité. Les rides se multiplièrent sur son visage et son rire déborda de gaieté comme celui d'un pêcheur chinois.

– Demandez-le-lui. dit-il.

Vasantaséna gratifia Samding d'un sourire, un de ces sourires qui expliquaient son influence. Il promettait une liberté sans frein, une indulgence sans limite, et ensuite un pardon sans remords. Elle soupesa la pierre de la main droite, prête à faire l'échange.

– Marché conclu ? demanda-t-elle.

– Non !

Le monosyllabe retentit brusque et clair comme le fa naturel au milieu de l'échelle des sons. Un gong d'or n'aurait pas donné une réponse plus définitive, plus détachée des conséquences.

Vasantaséna sursauta comme sous une piqûre. Ses yeux flambèrent et sa colère se déchaîna comme celle d'un serpent. La jeune femme toujours debout près d'elle eut un mouvement de recul et réprima avec peine un cri d'effroi. Maïtraya se couvrit instantanément la figure des deux mains. Vasantaséna lança la pierre droit sur Samding et avec force : elle l'atteignit à la poitrine, mais si elle lui fit mal, il n'en laissa rien paraître. Un moment il serra la pierre contre lui des deux mains, comme s'il la caressait, puis l'essuya soigneusement du coin de sa robe et la passa au lama, qui la fit disparaître dans son sein avec autant de sang-froid que s'il eût prévu tout ce qui venait de se passer.

– Hors d'ici ! ordonna Vasantaséna d'une voix rauque. Allez-vous en, et ne revenez jamais assombrir le seuil de ma porte ! Allez-vous-en tous, vous, et vous, et vous aussi. Que fait ici ce chien d'acteur? Et ce Bhat… Un Brahmine sans caste? Vous souillez ma maison, bande d'adorateurs du diable ! Vous, les filles, appelez les serviteurs mâles pour qu'ils les jettent dehors !

Mais le lama ne se pressa pas le moins du monde. Il se leva de sa natte et bénit Vasantaséna en termes thibétains sonores qui auraient pu tout aussi bien exprimer une malédiction, puisqu'elle ne comprenait pas un mot de cette langue.

Samding roula la natte. Maïtraya se mit à l'abri derrière le lama. Les femmes hésitèrent à obéir à un ordre de violence donné contre des personnages aussi saints qu'un lama ou aussi dangereux qu'un Bhat. Le lama prit les devants et sortit de la chambre en balançant majestueusement les pans de sa robe, et Ommony prit position à l'arrière-garde, sachant qu'il s'en fallait bien que tout danger fût passé. Il s'arrêta sur le seuil et affronta le regard furieux de Vasantaséna.

– Dois-je appeler les hôtes qui sont à l'étage au-dessous? demanda-t-il, car c'était le seul risque qu'il voulût éviter.

En entendant cette proposition, elle pouvait croire que le risque était pour elle.

– Allez-vous-en! hurla-t-elle. Je vous ferai poignarder! Je vous ferai…

Ils sortirent sans se presser. Une antique guimbarde à un seul cheval était devant la porte, le lama et Samding y montèrent faisant signe à Ommony et Maïtraya de monter avec eux.

À l'intérieur du véhicule il faisait une chaleur suffocante; les volets qui en formaient les parois interceptaient le moindre souffle d'air; mais ils permettaient de voir au dehors et laissaient filtrer assez de lumière pour éclairer les visages.

Le cheval martelait à loisir les pavés; le bruit d'un de ses fers lâche ajoutait à la cadence une ponctuation obsédante; une grosse mouche bleue bourdonna désagréablement et finit par se poser sur le nez du lama.

– L'endroit est mal choisi! remarqua-t-il en excellent anglais.

Et d'un mouvement extraordinairement agile de la main droite, il projeta la mouche à travers les persiennes. Il sourit à Ommony, qui faisait semblant de ne pas le comprendre; car il lui importait avant tout de découvrir si le lama avait deviné son identité, et au cas contraire de garder le secret aussi longtemps que possible.

– Où allons-nous? demanda soudain Ommony.

Le lama écarta la question d'un geste décidé.

– J'ai un domestique à qui je dois envoyer un message, objecta Ommony.

– Le chéla pourra le lui porter.

Ommony regarda Samding, dont les yeux calmes soutinrent son regard sans broncher.

Et il se mit à analyser la situation avec une fiévreuse activité cérébrale.

La preuve était faite que le lama avait à sa disposition un système d'espionnage parfaitement capable de découvrir même les actes secrets de MacGregor. Il y avait donc dix chances pour une qu'il connût parfaitement l'homme assis en face de lui dans la voiture. Samding avait lu le nom d'Ommony sur le collier de Diane dans la boutique de Chutter Chand. La lettre du lama avait été remise chez Mme Campbell. Benjamin était l'agent secret du lama, et, de façon plus ou moins avouée, son homme d'affaires. À tous points de vue, il serait donc presque miraculeux que le lama ne soupçonnât pas tout au moins l'identité réelle du Brahmine Bhat qui chiquait du bétel devant lui.

Et maintenant le lama détenait le morceau de jade qu'il était apparemment venu chercher jusqu'à Delhi. En outre, il avait su, au moins depuis plusieurs heures, où se trouvait ce fragment. Alors, pourquoi continuait-il à se soumettre à l'espionnage? Pourquoi, par exemple, n'était-il pas parti en voiture, laissant Ommony sur le trottoir devant la maison de Vasantaséna? Rien ne lui était plus facile. Il aurait pu aussi dénoncer Ommony en présence de Vasantaséna et de ses hôtes assemblés; il en serait résulté des conséquences brutales, peut-être mortelles.

Si le lama savait réellement qui était assis avec lui dans la voiture, le mystère s'assombrissait au lieu de s'éclaircir. Projetait-il d'assassiner Ommony à son heure? C'était une solution possible, mais bien invraisemblable.

Puis venait le problème de Dawa Tsering et de la chienne. Ommony regretta un instant de n'avoir pas pris d'autres dispositions, mais comprit vite la futilité de tout effort pour cacher au lama ce que très probablement il savait déjà. Il aurait pu laisser la bête à MacGregor et faire mettre Dawa Tsering en prison, mais il aurait perdu ainsi deux alliés importants. L'homme avec son couteau et la chienne avec sa terrible mâchoire pourraient à l'occasion remplir avec avantage le rôle d'anges gardiens. D'autre part, le lama projetait peut-être de disparaître par cette mystérieuse Voie moyenne qui défiait toute découverte, et, dans ce cas, la chienne et Dawa Tsering seraient très précieux pour retrouver sa piste.

Le lama s'était endormi. Il sommeillait avec la sérénité d'un enfant, la tête penchée en avant et les épaules appuyées dans l'encoignure. Samding fit signe de ne pas l'éveiller.

La voiture roulait vers le nord, vers les ruines de la Delhi véritablement ancienne, qui abrita des voleurs et des chacals dans une brousse impénétrable et parmi des monticules de débris, une région où peut se passer n'importe quoi sans que les autorités en soient informées.

Soudain la voiture ralentit et tourna entre de hauts murs dans un passage aboutissant à un portail. Le clocher cria comme un prophète annonçant la fin du monde. Les vantaux s'écartèrent à un mètre à peine devant le nez du cheval, dont les sabots sonnèrent sur des pavés ; puis la porte se referma, et le lama donna signe de vie en ouvrant d'abord un œil, puis les deux.

– Toutes ces choses ont une fin, même les promenades en voiture, dit-il en anglais, et regardant Ommony bien en face. Mais Ommony était toujours d'avis qu'il valait mieux feindre d'ignorer cette langue.

Du dehors, quelqu'un ouvrit la voiture, un Thibétain, tout sourires et bénédictions, vêtu comme un moine du moyen âge ; il se mit à bavarder dans un dialecte du nord avec une telle volubilité qu'Ommony ne put saisir un mot. Samding interrompit ce flot d'éloquence en le repoussant pour se frayer passage, suivi de Maïtraya. Ensuite sortit Ommony, aveuglé un instant par la réverbération du soleil sur les murs de pierre blanche de la cour ; avant qu'il eût pu embrasser toute la scène, la voiture qui contenait le lama se remit en marche et disparut par une porte voûtée dans un bâtiment ressemblant à une caserne ; et la porte fut refermée de l'intérieur.

Ils se trouvaient dans une cour carrée, d'une blancheur éblouissante, pavée de vieilles pierres et entourée de trois côtés par un cloître sous lequel étaient percées de distance en distance des portes hautes et étroites. Dénué de tout ornement, ce bâtiment offrait cependant un aspect de dignité sévère et avait dû jadis servir de *khan* pour les voyageurs du Nord. Les fenêtres des murs surplombant le cloître étaient toutes fermées de persiennes ; nul être humain ne se montrait, mais des bruits de voix nombreuses traversaient les volets d'une des fenêtres pratiquées sous le cloître.

Samding restait tranquille et silencieux en face d'Ommony, attendant probablement le message dont il devait se charger. Ommony s'adressa à lui en ourdou.

– Est-ce ici notre destination, ou devons-nous aller autre part ?

– Nous resterons ici jusqu'à demain ou après-demain, répondit la voix tranquille.

– Connaissez-vous votre chemin dans Delhi ? Pourriez-vous aller chez Benjamin le Juif, dans la Chandni Chowk ? Voulez-vous prendre ce mouchoir qui m'appartient et vous rendre chez Benjamin, où vous trouverez une très grosse chienne ? Montrez-lui le mouchoir et faites-le-lui sentir. Elle vous suivra jusqu'ici.

Samding sourit avec une expression bienveillante, mais énigmatique.

– Parlez plus fort, suggéra-t-il, comme si, atteint de surdité, il n'avait pas entendu le message.

Ommony éleva la voix, criant presque, irrité par ce sourire incompréhensible. Les paroles qu'il prononçait pour la seconde fois se répercutèrent sous le cloître et à cet écho se mêla soudain un aboi profond qu'il aurait reconnu parmi le chœur lamentable d'une fourrière. Une porte entrebâillée sous le cloître s'ouvrit avec fracas, et Diane arriva en bondissant comme une folle. Poussant des jappements et des gémissements de joie, elle faillit renverser son maître et le flaira des pieds à la tête pour s'assurer de son identité sous ces vêtements étranges. Un instant après, Dawa Tsering sortit par la même porte, couteau et tout, clignant des yeux au soleil, l'air pas très fier.

Ommony calma Diane, lança un regard aigu à Dawa Tsering, et se retourna pour interroger Samding. Mais le chéla était parti. Ommony l'aperçut de dos au moment où il disparaissait par une porte. Il questionna le Thibétain en *prakrit* (dialecte indigène), mais l'homme ne parut pas le comprendre. Dawa Tsering approcha en musardant et faisant des grimaces, essayant de se donner une contenance.

– Ô Goupta Rao, commença-t-il. Mais Ommony lui tourna le dos.

– Savez-vous où nous sommes? demanda-t-il à Maïtraya.

– Certainement. C'est ici que ma troupe devait se réunir. Espérons que tout le monde est là et que le Juif a livré les costumes.

– Ô Goupta Rao, insista Dawa Tsering en posant sa lourde main sur l'épaule d'Ommony pour qu'il se retournât, écoute-moi! Tu n'avais pas quitté le magasin du Juif depuis plus de temps qu'il n'en faut à un homme pour se gratter, quand ce type-là (il montra le Thibétain) entra et se mit à causer avec le Juif. J'étais précisément en train de lui parler moi aussi. Je lui demandais de me fournir des vêtements conformément à tes ordres, plus deux paires de couvertures et un bon manteau en poil de yak et divers autres objets dont j'avais besoin. Mais le Juif prétendit que cet homme était venu le prévenir que tu avais changé d'avis à mon sujet et que je devais m'en aller avec lui. Je lui donnai un démenti et lui dis ma façon de penser. Mais le Juif prit tes chaussettes que tu avais laissées et les donna à cet homme, qui les fit sentir à la chienne; elle le suivit aussitôt, bien que je l'eusse appelée par tous les noms. Il l'emmena hors de la boutique et je les poursuivis, les bras chargés de couvertures et du reste, si bien que je n'avais plus une main de libre. Dehors il y avait une voiture fermée de volets comme les wagons d'un train. Il y monta et attira la chienne au moyen des chaussettes et j'y montai à mon tour pour reprendre l'animal. Mais à peine avais-je engagé la tête et les épaules dans la portière que deux hommes comme celui-ci, mais encore plus grands, me saisirent, m'enlevèrent mon couteau, m'enveloppèrent dans mes propres couvertures et m'attachèrent solidement. Ils m'amenèrent ici, me traînèrent dans cette chambre là-bas, et me détachèrent en me disant qu'ils agissaient d'après tes ordres. S'ils ne m'avaient pas rendu mon couteau, j'aurais lutté contre eux ; mais comme ils me l'avaient rendu et que la chienne paraissait satisfaite, j'ai pensé qu'ils disaient peut-être la vérité. As-tu vraiment donné ces ordres, ou dois-je tuer ces gens-là ?

– Es-tu jamais venu ici auparavant? demanda Ommony.

– Oh oui, deux ou trois fois. Ce n'est pas un mauvais endroit ; il y a de quoi manger à sa faim, beaucoup de beurre et beaucoup d'oignons. Ici l'on accorde plus d'importance au lama Tsiang Sandup qu'à une bonne ventrée, mais on mange tout de même, trois fois par jour, et en abondance. Mais, dis-moi, as-tu donné cet ordre de m'amener ici?

Ommony eut un éclair d'inspiration. Maïtraya écoutait, et il ne voulait pas lui faire de confidence.

– L'homme n'a pas bien compris mes ordres. Je te dirai plus tard ce que j'attends de toi. Jusque-là, sois discret, reste près de la chienne et ouvre l'œil sur moi. Pourquoi restons-nous ici? Le soleil m'accable.

Maïtraya les mena vers la chambre d'où sortait un bruit de voix, et le Thibétain, voyant qu'ils savaient où aller, s'éloigna dans la direction contraire. À part Dawa Tsering, personne ne portait d'armes en évidence. La porte à deux battants donnant sur le passage était barrée, mais non gardée, ni même cadenassée. Rien ne semblait plus simple que de s'évader si on le voulait, et si l'endroit était une prison, rien n'était plus habilement dissimulé que le système de surveillance.

Maïtraya traversa le cloître, ouvrit d'un coup de pied retentissant une porte située près de la fenêtre d'où sortaient les voix, et fit une entrée théâtrale dans une pièce immense et sombre.

Six hommes, trois femmes et deux jeunes garçons, assis contre le mur, se levèrent pour l'accueillir. Ils constituaient un groupe d'assez triste mine entre tous ces gens mal fagotés et fripés par le voyage. Pas un seul ne portait un vêtement de prix ni même un turban propre ; mais cette tenue aussi était de comédie : leurs ballots posés sur le plancher renfermaient des effets convenables qu'ils ne voulaient pas exhiber tout de suite, afin que le patron se sentît obligé de les équiper à neuf. Maïtraya fit une moue de dédain : il connaissait ce vieux système d'extorsion et l'estimait à sa juste valeur.

– Quelle bande de mendiants ! quel ramassis de balayeurs des rues ! s'écria-t-il. Je rougis de vous présenter l'honorable et savant brahmine Goupta Rao, qui jouera les principaux rôles dans notre troupe.

Ils s'inclinèrent devant Ommony en murmurant : *Prânam*. Lui les bénit d'un geste machinal, embrassant toute l'équipe d'un unique regard de mépris, puis leur tourna le dos pour ordonner à Dawa Tsering de fermer la porte.

La pièce extrêmement haute mesurait environ 90 pieds de long sur 35 de large. À l'une des extrémités, à droite de la porte, se dressait une plate-forme de quatre pieds de haut sur huit de profondeur. Une natte thibétaine à prières, propre, était étendue vers le milieu de cette estrade. L'unique ameublement ou ornement consistait en gros lustres ou lampadaires de cuivre suspendus au plafond ou fixés aux murs.

Ommony prit la décision de s'installer sur l'estrade. Sa qualité de Brahmine Bhat lui donnait droit à l'impudence, et le simple bon sens lui conseillait de garder Dawa Tsering près de lui pour lui éviter les pires méfaits. Il fit donc signe à l'homme et à la chienne, grimpa sur la plate-forme par les chevilles disposées à cet usage, et poussa une exclamation de surprise. La malle remplie d'effets qu'il avait commandée à Benjamin était déposée dans le coin le plus sombre de l'estrade, intacte, fermée à clef, ceinturée de courroies, scellée d'un disque de plomb, la clef pendue à la poignée.

Il renonça sur-le-champ à s'épuiser en vaines conjectures. Il était désormais de toute évidence que le lama connaissait son identité et que Benjamin la lui avait révélée. Sans doute avait-il envoyé un message au lama dans une de ces fausses sorties où on l'entendait traîner les pieds dans le corridor près de l'escalier de devant de son magasin. Peut-être, après avoir révélé son coupable secret, le Juif avait-il résolu de trahir, dans l'espoir que le lama s'arrangerait pour réduire Ommony à un éternel silence. Dans tous les cas, il serait ridicule de gaspiller son énergie en hypothèses ; les événements devaient s'expliquer par eux-mêmes et la chance le favoriserait ou non selon le bon plaisir des puissances qui la dispensent. Dans l'ombre profonde, il s'assit les jambes croisées sur sa malle, qui craqua sous le poids, fit signe à Dawa Tsering de s'installer sur le plancher, regarda Diane s'enrouler d'un air ennuyé et patient dans l'ombre à côté de lui, s'appuya dans l'encoignure, écouta le bavardage des acteurs, les réprimandes pompeuses de Maïtraya et ne tarda pas à s'endormir. Privé de sommeil la nuit précédente, il possédait une excuse et les occasions sont faites pour que les gens sages en profitent.

CHAPITRE IX

SAN-FUN-HO

Au bout d'une heure au moins, Ommony s'éveilla tranquillement et remarqua que la queue de Diane battait un salut amical sur le plancher de l'estrade. Ensuite il aperçut le lama assis sur la natte à prières, et Samding immobile à côté de lui comme d'habitude. En bas, dans la salle, il vit Maïtraya, debout, levant la tête. Entre le sommeil et l'état de veille, il perçut des paroles de discussions fiévreuses qui ne laissèrent pas d'impression nette sur son esprit. Les premiers mots qu'il entendit distinctement étaient prononcés par le lama, en ourdou :

– Mon fils, vous vous laissez convaincre par une illusion, ce qui ne vaut rien. Vous vous croyez responsable des résultats alors que vous n'êtes même pas en rapport avec la cause. Vous n'avez qu'à obéir. C'est moi qui suis chargé du fardeau de décider comment cette affaire doit être menée, puisque c'est moi qui l'ai conçue. Tout ce qu'on vous demande à vous, c'est de la bonne volonté et le talent que vous pouvez avoir acquis dans votre profession.

Cette voix bienveillante n'apaisait pas la colère de Maïtraya, qui riposta avec acrimonie :

– Je suis célèbre ! Je suis connu partout où je vais ! Les gens se moqueront de moi ! Vais-je devenir un vulgaire charlatan ? Par Vishnou ! pourquoi m'avoir engagé, si vous ne voulez pas m'écouter quand je vous indique la bonne manière de faire les choses, et ce que le public acceptera ou n'acceptera pas ?

Le lama écouta patiemment, sans se départir de son expression caressante et doucement obstinée.

– Toutes les manières sont bonnes en temps et lieu convenables. Les gens acceptent généralement ce qu'on leur offre gratuitement, répondit-il au bout d'un instant. Quant à votre mécontentement, rien ne vous empêche de partir, mon fils. Vous pouvez aller trouver Benjamin, et il vous paiera vos appointements d'une semaine.

– J'ai un contrat ! répliqua Maïtraya, et il prit la pose d'Ajax défiant la foudre.

– C'est vrai, dit le lama avec douceur ; il y aurait du mérite à en observer les termes.

Maïtraya se frappa la poitrine, froissa son turban d'un geste désespéré et se retourna pour en appeler à la troupe. Mais cette bande minable se préoccupait de la nourriture et du salaire bien plus que des tribulations artistiques de Maïtraya. Le lama parlait doucement, avec un air de bonté, et silencieusement, par de simples clins d'yeux. Ils prenaient son parti dans la dispute.

– Tas de prostitués ! s'écria Maïtraya en fureur. Vous allez vous conduire comme des singes pour l'amour de deux mois de salaire ! Oh, très bien ! Je vous dépasserai dans cette voie. Je serai un pire singe que celui qui mangea les fruits déposés dans l'écuelle du Bouddha ! Regardez-moi : Maïtraya le prostitué ! Je deviendrai infâme pour remplir vos misérables ventres !

Puis, se retournant vers le lama avec un geste d'angoisse :

– Mais ce que vous demandez est impossible ! Cela ne s'est jamais vu, jamais ! Mon génie peut venir à bout d'une difficulté, mais comment ces sots peuvent-ils faire ce qu'ils n'ont jamais appris ?

– Comment le louveteau sait-il où trouver du lait ? demanda le lama, et tous se mirent à rire.

– Par les multiples yeux de Krishna ! Je jurerais que certains d'entre mes acteurs ne savent même pas lire ! s'écria Maïtraya, levant les bras au ciel.

– Krishna est un personnage assez important pour être pris à témoin, remarqua doucement le lama. Quels sont ceux qui ont appris à lire ?

Deux des femmes avouèrent leur ignorance, la troisième se vanta fièrement de sa capacité.

– La difficulté n'est pas insurmontable, dit le lama. Cette femme lira pour les trois, ce qui permettra aux deux autres d'apprendre leurs rôles. Donnez-le leur. Elles n'ont presque rien à dire dans le premier acte.

Samding ramassa une douzaine de cylindres de bois recouverts de rouleaux de papier et déposa le tout entre les mains de Maïtraya.

– Avant tout, il faut une bonne distribution, dit Maïtraya. Qui jouera tel ou tel rôle ? C'est là le point essentiel.

– Non, répondit le lama, l'essentiel est que tout le monde comprenne la pièce. Donnez les rôles de femme à celle-là : distribuez les autres au hasard.

Maïtraya, haussant les épaules, choisit pour lui-même le plus gros rouleau et distribua les autres. Samding fit un signe à Dawa Tsering, qui se leva avec nonchalance ; il se demandait s'il n'était pas au-dessous de sa dignité d'obéir maintenant qu'il avait changé de maître. Samding lui donna un rouleau qu'il porta à Ommony, mais ni le chéla ni le lama ne regardèrent de son côté.

Le rouleau paraissait couvert d'une fine et belle écriture en oùrdou, copieusement corrigée de place en place par quelqu'un qui s'était servi d'une plume d'oie. Le texte était sans doute écrit par Samding et revu par le lama. Il n'y avait pas de titre, mais ce rôle particulier portait pour désignation : le *Saddhou* (saint homme), et les répliques étaient soigneusement indiquées. Pour y voir assez clair, Ommony vint s'asseoir au bord de l'estrade en face du lama, et au bout d'un instant il se mit à pousser de petits rires. Certaines lignes lui plaisaient par l'ironie dont elles étaient chargées.

Il lisait les dernières lignes lorsque le gong sonna et ramena son attention sur un autre problème. Comme Brahmane, il ne pouvait manger en compagnie d'acteurs, ni même du lama, ni dans aucune pièce où se trouvaient des gens d'autres castes. Mais le lama avait prévu et résolu cette difficulté. Des serviteurs en longues robes entrèrent de la cour, apportant des bols d'aliments chauds pour les acteurs ; ils ne portaient rien pour Ommony, Dawa Tsering et la chienne ; mais un grand Thibétain vint annoncer qu'un repas préparé par un Brahmane serait servi dans une chambre purifiée selon le rituel, si son Honneur voulait bien s'y laisser conduire.

C'était un petit cabinet tout au fond du cloître et dont la propreté n'avait rien de rituel, pas plus que le repas n'était cuit par un Brahmane ; mais les acteurs n'en savaient rien. La nourriture de Dawa Tsering était contenue dans un bol sur un paillasson en dehors de la porte. Ommony s'enferma dans la petite chambre carrée, où il se sentait à l'abri de l'observation.

Son repas terminé, il s'étendit sur le matelas, s'avouant qu'en dépit du soin qu'avait mis le lama à l'éviter depuis vingt ans, en dépit des preuves manifestes de son système d'espionnage étonnamment perfectionné, et même en dépit des confidences de Benjamin, il était presque impossible de croire que ce vieillard fût un mécréant. Son intuition donnait le démenti à cette histoire de trafic d'enfants, et des souvenirs commençaient à l'assaillir.

Il y avait par exemple les lettres reçues du lama depuis plus de vingt années, la plupart en anglais, à propos des affaires de la mission. Pas un mot de cette correspondance qui ne fût imprégné d'altruisme et de bon sens pratique ; pas l'ombre d'un de ces compromis conventionnels qui parfois s'imposent aux institutions les plus rigides dans leurs principes.

Et maintenant qu'il venait de lire cette pièce et qu'il avait vu Samding, il trouvait inadmissible qu'un homme se livrant à la traite des blanches put éduquer un chéla comme, de toute évidence, l'avait été celui-ci. La jeunesse prend la teinte de l'ambiance. Samding possédait la maîtrise de soi-même propre aux êtres qui, connaissant la stérilité inhérente au vice, ne peuvent en être tentés. Et un homme qui se promettrait d'outrager l'humanité en vendant des enfants serait-il capable d'écrire une pièce pareille, ou même de l'approuver, et de la monter à ses propres frais? La pièce n'était pas seulement d'une moralité ingénieuse; elle était radicalement saine, et alliait la critique ironique d'un faux idéal à une conception virile de la vie.

D'autre part, il y avait le mystère de la façon dont le lama le traitait lui-même. Qu'avait pu lui dire Benjamin? Le vieux Juif avait expédié la malle, et rien n'était plus facile que d'envoyer une lettre en même temps. Il se pouvait que Benjamin l'eût apportée en personne. De toute façon, le lama connaissait certainement à l'heure actuelle l'identité du Brahmine Bhat, et pour le moment, était violemment disposé non seulement à se soumettre à l'espionnage mais à protéger son espion! Et cette attitude, à moins qu'elle ne présageât un recours ultérieur à la violence ou au poison, n'était guère celle qu'adopterait un criminel conscient.

Il se pourrait, naturellement, que le lama eût des idées particulières sur ce qui constitue le crime. Il professait des théories radicales et n'hésitait pas à les exprimer devant les étrangers. Mais si sa conception de la moralité admettait la contrebande d'enfants en pays montagneux et inconnu, comment se faisait-il qu'il prît tant de soins pour préserver la mission de Tilgaun de toute contamination sociale?

Et par-dessus tout, dans quel but se donnait-il tant de mal pour éviter une entrevue? Quel avantage se proposait-il en feignant d'être dupe du déguisement du Brahmine? Il est vrai qu'il avait parlé anglais une fois ou deux, mais il n'avait fait aucun commentaire quand le Brahmine Bhat avait prétendu ne pas comprendre cette langue. Voulait-il simplement s'amuser? Dans ce cas, on pouvait jouer ce jeu à deux! Pour l'instant, il devait laisser le problème sans solution; mais il ne songea même pas à le considérer comme insoluble, et résolut d'en tirer au moins autant d'amusement que le lama lui-même.

CHAPITRE X

L'APPEL DE LA NUIT

Tout l'après-midi fut consacré à lire et relire le second acte. À plusieurs reprises le lama obligea Ommony à recommencer ses répliques, sans jamais l'appeler par son nom ; et une fois il fit répéter le passage par Samding, qui le déclama de mémoire, car il semblait savoir toute la pièce par cœur. Il se montrait aussi exigeant avec Ommony qu'avec Maïtraya et les autres.

Ommony, aussi las que possible, parce que son esprit venait d'être concentré sans relâche pendant plusieurs heures de suite, s'avouait plus intrigué que jamais par le caractère du lama.

– Ce vieux-là est un bonhomme de génie, réfléchissait-il. Si c'était un hypocrite il ne pourrait ni conserver le respect de son chéla ni s'attirer le mien de cette façon. Il existe une explication, Dieu sait laquelle, pour ces vols d'enfants. Benjamin a-t-il menti ? Je me le demande.

Après le repas du soir, apporté par les Thibétains, Ommony voulut s'assurer s'il était ou non l'objet d'une surveillance personnelle. Il traversa la cour et s'approcha du portail par où la voiture était entrée le matin. À côté de la porte se tenait un Thibétain qui la lui ouvrit avec politesse! Diane le suivit, mais il la renvoya en la faisant sauter par-dessus les vantaux inférieurs, et il entendit le Thibétain rire de bonne humeur.

Ses mouvements étaient évidemment libres. Il siffla donc et marcha lentement devant lui, pensant à Benjamin et se demandant quel intérêt avait pu le pousser à raconter cette histoire d'enfants achetés, si elle n'était pas vraie.

– Plus on connaît l'Inde, plus on l'ignore, murmura-t-il.

Ce fut Diane qui attira son attention vers un autre angle du problème. Arrêtée au bout de l'allée, elle lui signalait, à la façon apprise dans les sentiers de la jungle, sa découverte d'un être humain dont la présence ne semblait pas normale.

Ommony s'arrêta, ce qui obligea la chienne à se retourner pour prendre ses ordres. Il lui fit signe de venir le suivre sur les talons, puis marcha sans bruit dans la direction de l'animal, où le coin d'un mur élevé renforçait l'ombre naissante.

Aucun réverbère n'était encore allumé, bien qu'il y en eût un fixé sur un fût de fer à l'angle de la maçonnerie au-dessus de sa tête. L'obscurité était assez épaisse à l'endroit où il s'assit le dos appuyé au mur. Il ne donna aucun ordre à Diane, mais se contenta de l'observer.

Le poil de sa nuque ne tarda pas à se soulever. Elle percevait des voix, qu'il entendit à son tour. Le sens subtil de Diane l'avertissait que ces voix étaient ennemies, et Ommony dut lui mettre la main sur la gorge pour l'empêcher de gronder. Il l'attira contre le mur où elle se blottit, obéissante et alerte, tout à fait invisible dans l'ombre. Ommony était entre elle et la route où débouchait l'allée; il savait que n'importe quel passant à l'œil vif pourrait l'apercevoir, comme une idole au bord du chemin.

Deux hommes approchaient lentement, engagés dans une conversation animée. L'un d'eux portait des éperons. Ommony eut l'impression qu'ils devaient se promener de long en large depuis longtemps. Ils s'arrêtèrent avant le coin, à moins de trois pas de l'endroit où il était assis, et, en retenant sa respiration, il put entendre distinctement leurs paroles:

– Voyez-vous, Chalmers, si nous faisons irruption là-dedans sans être parfaitement sûrs de notre terrain, nous n'en tirerons que des ennuis pour nous-mêmes, et ce sera comme si nous leur donnions avis de dissimuler leurs traces. Il nous faut des preuves absolument certaines, sous peine d'être tyrannie officielle.

– Je vous dis, *Sir*, que je sais que les femmes sont là.

– Mais comment savez-vous qu'il s'agit des femmes en question ? Nous ne pouvons intervenir dans une affaire de religion. Nous nous trouverions dans de beaux draps si nous envoyions devant la justice une troupe de bayadères légitimes !

– Excusez-moi, *Sir*, le lamaïsme n'encourage pas les bayadères. Ces gens-là sont des Thibétains, qui normalement n'ont rien à faire à Delhi et n'ont aucune excuse valable pour trimbaler des femmes mystérieuses dans tout le pays. On a vu le lama entrer chez Vasantaséna ; je l'ai vu moi-même sortir et partir en voiture avec son chéla et deux autres personnages. Je l'ai fait suivre ; je sais qu'il est venu ici et qu'il n'en est pas ressorti. Vous savez quel genre de maison tient Vasantaséna.

– Oui, mais nous savons aussi les noms de toutes celles qui font partie de sa maison. Et elle-même est une de ces créatures qu'il est mortellement dangereux de molester si nous ne sommes pas tout à fait certains de notre affaire.

– Nous possédons assez de preuves accessoires pour faire pendre un rajah, *Sir*.

– Les preuves accessoires ne suffisent pas, Chalmers. J'en causais tantôt avec MacGregor. Il m'affirmait qu'il n'existe absolument rien contre le lama dans les archives secrètes. Il reconnaît que la traite s'exerce sur les frontières de l'Assam, et que les esclaves sont vendues dans le Népal et le Thibet. Mais cela ne nous autorise pas à faire une descente ici, avec ou sans mandat. Ce serait courir au-devant d'une émeute. D'après la tournure que les choses prennent en ce moment, Musulmans et Hindous s'entendraient et feraient cause commune même avec les Chrétiens s'ils pensaient pouvoir nous tomber de cette façon, quitte à se couper mutuellement la gorge ensuite !

Ce serait une réédition d'Amritsar. Je vais vous dire ce que vous pourriez faire si vous le voulez : établir un cordon autour de cet endroit et filer tous ceux qui en sortiront. De cette façon nous nous procurerions peut-être des preuves ?

Un silence se produisit pendant lequel Ommony dut calmer la mauvaise humeur de Diane. Puis une voix s'éleva :

– Très bien, *Sir.*

Un fragment de mortier tomba du haut du mur près d'Ommony et lui fit lever la tête. Il commençait à faire très noir ; mais il crut entrevoir une tête d'homme parmi les ombres d'un arbre en surplomb. Les deux causeurs se remirent en marche vers le débouché de l'allée, qu'ils dépassèrent, puis revinrent sur leurs pas.

– Tiens, tiens ! dit l'un d'eux, le plus grand, celui qui portait des éperons. Avez-vous remarqué l'auditeur ? Attendez, ne vous engagez pas là-dedans... un sale passage, diantrement noir, où il pourrait arriver un accident. *Bonsoir !* fit-il, s'arrêtant à six pieds d'Ommony. *J'espère que nous n'avons pas troublé vos méditations ?*

La main d'Ommony se referma sur le museau de Diane. Elle se coinça contre le mur.

– *Dites, j'espère que nous n'avons pas troublé vos méditations ?*

Ommony ne bougea pas.

– Peut-être ne sait-il pas l'anglais, *Sir.*

– Le diable m'emporte ! Je ne puis distinguer sa marque de caste. Il a l'air d'un Hindou. Vous n'avez pas votre lampe de poche ?

Le plus jeune des deux hommes frotta une allumette, dont l'éclat jaune mit Ommony en relief, mais accentua l'ombre derrière lui.

– Parbleu, *Sir*, c'est le Brahmine qui est sorti de chez Vasantaséna avec le lama !

Être reconnu par la police était la dernière chose que souhaitait Ommony. Avec la meilleure volonté du monde, la police peut brouiller la piste la plus compliquée par ses excès de zèle et son emploi de sous-ordres insuffisamment qualifiés.

Il fut satisfait d'apprendre que MacGregor avait tenu sa promesse de ne pas lâcher le Service Secret sur ses traces, et ennuyé de constater que la police agissait pour son propre compte. Durant trente secondes, jusqu'à ce que l'allumette s'éteignît, il s'appliqua à imiter le regard fixe et insolent dont les Brahmines régalent les impurs envahisseurs

– Un Brahmine et un lama qui vont de compagnie? C'est étrange.

– je dirai que c'est suspect, *Sir*, si vous me demandez mon avis! Que fait-il là? Il n'est même pas assis sur une natte. Ce coin est impur selon le rituel... souillé par les chiens et Dieu sait quoi!

– Essayons le dialecte local...

«Je suis curieux de savoir pourquoi vous êtes assis en cet endroit? dit l'homme aux éperons. Y a-t-il quelque chose qui n'aille pas? Êtes-vous malade? Puis-je vous aider en quoi que ce soit?

– Laissez-moi à ma méditation! répondit Ommony d'un air bougon.

– Pourquoi méditer juste en ce lieu, deux-fois-né? C'est un mauvais endroit... Il y a des voleurs, vous savez. Vous feriez mieux d'aller ailleurs.

Ommony se demanda s'il devait répondre où non, mais il craignait que Diane ne trahît sa présence s'il ne se débarrassait pas de ces inquisiteurs. Il fit une réponse d'inspiration et grogna avec indignation:

– Voilà un an mon fils est mort ici même, tué par la balle d'un soldat. C'est pourquoi je choisis ce lieu pour méditer. Je m'abaisse dans la poussière devant les dieux qui m'ont envoyé ce malheur.

– Histoire diantrement invraisemblable, *Sir*, si vous voulez mon avis!

– Tout est invraisemblable dans ce damné pays! Faites-le surveiller. Restez dans ce coin, et, s'il s'en va, faites-le suivre par un de vos hommes. Je vais rentrer et vous envoyer vingt ou trente agents pour cerner le repaire...

– Bonne nuit, ô deux-fois-né! Méditez en paix!

Ommony prêta l'oreille jusqu'à ce que leurs pas eussent expiré à quelque distance. Puis, ayant fait soigneusement comprendre à Diane qu'il fallait encore épier le danger sans le défier, il gagna sur la pointe des pieds le portail situé à l'autre bout de l'allée, et le tambourina de ses phalanges. N'obtenant pas de réponse, il essaya d'ouvrir la porte, mais elle était fermée à l'intérieur. Il fit sauter Diane par-dessus, et moins d'une minute après Dawa Tsering vint enlever les barres.

– Goupta Rao, il se passe des choses ! dit-il en montrant ses dents blanches qui brillèrent dans l'ombre.

Dans la cour s'agitait, non pas un pêle-mêle, mais un chassé-croisé affairé et sans heurts comme le vol vespéral des chauves-souris. De grands spectres transportaient des fardeaux à la course et les alignaient sous le cloître. On ne voyait pas trace du lama, ni de Maïtraya. Une bougie solitaire, coulant dans un candélabre sous une des arches, répandait sa clarté vacillante.

– Ils partent ! déclara Dawa Tsering, excité par cette atmosphère de mystère. Un bonhomme était posté sur le mur, au coin du jardin, là-bas où est l'arbre. Il est revenu en courant, un autre est allé avertir le lama, qui a donné un ordre et tout le monde s'est mis à courir comme dans une fourmilière endommagée.

Ommony s'approcha du cloître où la bougie faisait danser des ombres, et la première chose qu'il reconnut fut sa malle, rangée à côté des sacs et paquets des acteurs, avec quantité d'autres ballots enveloppés de vieilles toiles. Tout indiquait une fuite ordonnée, mais rapide et soudaine, et Dawa Tsering formula la seule déduction possible :

– Des femmes, des ennuis ! C'est la même chose ! Elles finissent toujours par perdre l'homme.

À ce moment un Thibétain ouvrit la porte de la grande salle où avaient eu lieu les répétitions, et Maïtraya en sortit dans un état de rage :

– Par Krishna, c'est trop ! Est-ce vous, Goupta Rao ? Comment trouvez-vous cela ? On nous enferme comme des criminels ! On nous enlève nos bagages ! Qu'arrive-t-il donc ?

Les autres acteurs émergèrent à la suite, les femmes en dernier, regardant par-dessus les épaules des hommes. L'une d'elles, affolée, et ne voyant rien autre chose pour l'effrayer, poussa un cri à la vue de Diane. Ommony recula dans l'ombre. Dawa Tsering le suivit avec la chienne, et tous trois s'assirent le dos au mur.

– Combien de femmes le lama a-t-il avec lui? demanda Ommony.

– Oh, des quantités! Je ne les ai jamais comptées. Je faisais de l'œil à une ou deux, mais le rusé vieux Ringding les surveille plus jalousement qu'un Afghan son harem. Lui et le chéla sont les seuls qui les approchent assez pour causer. N'importe! Nous trouverons bientôt notre occasion, si je ne me trompe.

– Pourquoi ne m'as-tu pas parlé de ces femmes auparavant? demanda Ommony.

– Oh! je croyais que tu savais tout.

Le lama apparut dans le cercle lumineux de la bougie, absolument calme. Samding était avec lui. Le chéla compta deux fois les ballots.

– Attends que j'aille chercher mon manteau de poil de yak et mes autres affaires, dit Dawa Tsering, et il s'éclipsa.

Le lama dit un mot et Samding commença un appel rapide, de mémoire, d'une voix claire et autoritaire, égrenant d'abord un chapelet de noms septentrionaux, puis celui de Maïtraya et de tous les acteurs, et celui d'Ommony presque en dernier. C'était émouvant comme un appel sur le champ de bataille.

– Goupta Rao?

– Présent!

– Dawa Tsering?

– Voilà!

– Et la chienne?

Ommony murmura un mot à Diane, qui poussa un aboi unique. Tout le monde rit y compris le lama, qui se tenait droit comme un jeune homme. Il donna à voix basse un mot d'ordre à un Thibétain, qui le transmit aux autres, et en un instant tous les paquets furent sur la tête des hommes. Il y avait un nombre prodigieux de porteurs. Ils étaient arrivés comme des fantômes, on ne savait d'où, et personne ne parlait ; la discipline était parfaite. Pas une femme ne se montrait encore, à part les actrices de Maïtraya, qui semblaient trop effrayées pour faire des embarras, à moins qu'elles ne fussent trop curieuses pour être effrayées.

Si un autre ordre fut donné, Ommony ne l'entendit pas. La procession se mit en marche et franchit la porte d'étable par où avait disparu ce matin la voiture du lama. Celui-ci se tenait dans la cour, Samding à côté de lui, comptant les gens ; ils entrèrent les derniers, à une douzaine de pas derrière Ommony, Dawa Tsering et la chienne ; et aussitôt la porte se referma bruyamment.

Il ne faisait pas tout à fait noir. La lueur d'une bougie laissait entrevoir à droite trois voitures, et plus loin trois chevaux dans leurs stalles. L'écurie semblait propre, bien aérée et sans odeur déplaisante.

– Es-tu déjà entré ici ? demanda Ommony.

– Pas de danger ! répondit Dawa Tsering. Peut-être est-ce ici qu'il garde ses femmes ! Ceci est un des endroits où la police n'ose mettre le nez de peur d'être accusée de commettre un sacrilège.

Diane trottait à droite et à gauche dans l'obscurité, flairant partout, intéressée mais non méfiante. Ce fut elle qui les avertit que des marches s'enfonçaient dans la plus profonde obscurité. L'escalier ne descendait pas à une grande profondeur, mais rien d'autre ne permettait d'en juger jusqu'à ce que, à vingt pas en avant du pied des marches, le tunnel fit un détour : alors la lueur d'une autre bougie allumée dans un coin à distance permit d'entrevoir une longue procession de formes vagues et drapées de noir qui s'avançait vers ce phare solitaire.

– Crois-tu que ce soient les femmes ? demanda Ommony.

– J'en suis certain, répondit Dawa Tsering. Par plaisanterie, Goupta Rao, envoie-leur ta chienne. Il arrivera quelque chose !

La proposition était encore mieux avisée que ne le soupçonnait son auteur. Ommony claqua des doigts pour attirer l'attention de Diane et lui parla de façon que le lama ne pût entendre :

– Amis ! Va faire amis !

En même temps il esquissait un geste vers l'arrière. Diane s'élança et dépassa le lama, qui essaya en vain de l'arrêter.

Quelle que fût leur espèce, ces créatures n'eurent pas peur, phénomène qui par lui-même donnait fort à penser. Diane, à l'épaule, était aussi haute qu'un grand danois, hirsute, efflanquée et active comme un monstre légendaire. Cette apparition surgissant de l'obscurité avec des yeux flambants à la lueur de la bougie aurait suffi à semer la panique parmi de vieux chasseurs. Au lieu de quoi l'on n'entendit que des rires, avec force claquements de doigts et sifflements d'appel ; et les rires étaient francs et contagieux comme ceux d'enfants qui voient un clown embrasser un cochon. Le lama dut lancer un avertissement pour réclamer le silence.

Ommony laissa Diane se faire des amies à loisir. Il riait en lui-même. Peu de gens soupçonnaient ce dont cette chienne était capable. Une fois bien convaincue de l'amitié de certaines personnes, elle se chargerait d'établir les communications et fournirait à son maître l'occasion de pénétrer n'importe quelle ruse du lama.

Rien ne lui eût servi de se montrer curieux en ce moment. Le tunnel faisait un nouveau détour et devenait d'un noir d'encre, fleuve d'échos où il fallait se laisser porter par le courant, où l'on ne pouvait avancer sans toucher son voisin ou le mur.

Puis une vague lueur apparut en avant, et enfin une échappée s'ouvrit sur le ciel, encadrant une demi-douzaine d'étoiles. Cette faible clarté faisait paraître le tunnel encore plus sombre et rendait impossible toute observation de l'arrière. Diane vint flairer Ommony et lui poussa son museau dans la main, comme pour lui assurer que les gens de la suite étaient vraiment des amis. Puis tout à coup elle aboya en apercevant le ciel et partit en reconnaissance.

Ommony fit de son mieux pour photographier dans sa mémoire les détails de l'issue du souterrain, mais il ne put y réussir. Il y avait des marches à monter, mais pas beaucoup. Puis il se trouva dans une cour carrée d'environ trente mètres de côté, avec les étoiles sur sa tête et, derrière lui, l'ombre d'un portique qui semblait l'entrée d'un temple. Le lama et Samding avaient disparu, ainsi que les femmes.

La présence de chameaux dans la cour lui fut annoncée d'abord par son odorat ; puis il les vit agenouillés en deux rangées inégales. Diane, qui détestait ces animaux, vint se mettre sur son derrière en grognant sourdement, et Dawa Tsering poussa un grand éclat de rire.

– Ça sent le voyage et la route du nord ! dit-il d'un air de triomphe. Le diable emporte ces plaines brûlantes ! Attends là que je nous choisisse deux bons chameaux !

Il disparut et moins d'une minute après on entendit une violente altercation à trois voix. Un chameau se dressa comme une apparition de l'autre monde et grogna comme si ce monde-ci ne le satisfaisait guère. Un coup sourd... un juron sonore...

Et Dawa Tsering revint en boitant.

– Dans le ventre ! dit-il haletant, incapable de se tenir debout mais conservant assez de souffle pour geindre. J'aurais tranché le jarret à cette brute... mais ces démons thibétains... m'ont repoussé vers son sabot... oh, laisse-moi m'asseoir !... oh ! que j'ai mal au ventre !

La cour était pleine de mouvement, mais on entendait à peine une parole. Les chameaux geignaient et gargouillaient, comme c'est leur habitude lorsqu'on leur impose des fardeaux. Au bout d'un certain temps, Ommony, dont les yeux s'accoutumaient à l'obscurité, put distinguer des hommes qui n'étaient certainement pas des Thibétains ; ils portaient des turbans et ressemblaient plutôt à des chameliers du Bikanir. Puis se profilant énormes et sombres contre le ciel, sept éléphants chargés de *howdahs* fermés de rideaux, pénétrèrent sans bruit par une porte ouverte, comme des fantômes dans un rêve.

Ensuite de derrière Ommony surgit un homme en turban et long manteau, suivi d'un autre plus jeune dont la démarche lui semblait familière, habillé comme un chef, un cimeterre à la ceinture. Diane les reconnut instantanément et remua la queue. C'étaient le lama et Samding, véritablement difficiles à reconnaître. Ommony les suivit ; mais ils furent bientôt entourés par les Thibétains, qui reçurent des ordres donnés à voix basse. Ne pouvant approcher suffisamment pour entendre ce qui se disait, Ommony consacra son attention aux éléphants et remarqua que leurs harnachements portaient les armoiries d'un rajah inconnu. Un mahout qu'il interrogea lui conseilla rudement de se mêler de ce qui le regardait.

Il aborda l'un des chameliers au pied du mur où l'ombre, trop épaisse, empêchait de distinguer ses traits.

– À qui appartenez-vous ? demanda-t-il.

– À moi-même, répondit l'homme d'un ton crâne et sec. Prenez garde ! le chameau mord !

Ommony fit un bond de côté juste à temps pour échapper aux dents traîtresses.

Les éléphants traversèrent la cour à la file et s'arrêtèrent, en se balançant. Le lama et Samding grimpèrent sur l'un d'eux et partirent en tête du défilé.

Vint alors une minute de confusion. Plusieurs autres éléphants entrèrent par le même portail, se heurtèrent contre ceux qui étaient chargés, et les chameaux, pour des raisons à eux, choisirent ce moment pour se lever tous ensemble et se précipiter dans la mêlée. Quelques jurons contenus, un ou deux cris aigus et une prodigue bastonnade remirent les choses en ordre. Les chameaux furent conduits dehors à la suite des éléphants ; la seconde troupe de pachydermes entra, et soudain un Thibétain saisit Ommony par le bras ; sans un mot, sans une explication, deux autres s'emparèrent de Dawa Tsering par-derrière, et, sans lui laisser le temps de se reconnaître, le poussèrent vers l'éléphant auquel leur camarade avait déjà conduit Ommony.

La voix de Maïtraya s'éleva quelque part pour protester ; une femme poussa un cri hystérique ; mais personne ne répondit. Tous les acteurs de la troupe furent hissés, comme autant de colis, dans les *haoudahs* fermés de rideaux. Diane sauta sur l'éléphant, Ommony l'attrapa par la peau du cou, la tira après lui, et se trouva installé dans un haoudah en compagnie de Dawa Tsering et d'un Thibétain ; celui-ci, penché en avant, touchait le montagnard à l'épaule et secouait le doigt d'un air menaçant ; à quoi l'autre répondait en esquissant un geste vers son couteau.

Mais ils étaient déjà en route, balancés comme des insectes dans un tremblement de terre.

– Ce chameau-là m'a démoli le ventre. La paix ! Je vais descendre ! J'en ai assez !

Mais le Thibétain se pencha avec une corde et l'attacha adroitement au haoudah.

– Coupe la corde, Goupta Rao, ou je t'appelle Ommony !

– Non, dit Ommony sans rougir du mensonge, il a agi d'après mes ordres.

– Toi ! Oh, très bien ! Ommony ! hurla-t-il. Ommony ! Ommony !

L'exclamation rata son effet. Le Thibétain n'y fit pas attention. Un pareil cri poussé dans la nuit, étouffé par les rideaux du haoudah n'avait guère de chance d'intéresser les passants. Si Maïtraya l'entendit sur l'éléphant précédent, il ne pouvait y attribuer aucun sens. Ommony laissa le montagnard hurler son nom jusqu'à épuisement, espérant que l'attention du Thibétain serait ainsi détournée de toute autre chose : lui-même avait passé son doigt dans un petit trou du rideau et essayait de l'agrandir pour mieux voir au dehors.

Il réussit à jeter un rapide coup d'œil avant que le Thibétain ne vît ce qu'il faisait. Mais la nuit était sombre, sans lune, et tout ce qu'il aperçut fut un mur délabré avec des arbres à côté ; rien ne lui permit de reconnaître la route. Le Thibétain lui toucha le bras et le menaça du doigt, puis monta sur le siège à côté d'Ommony et raccommoda soigneusement le trou avec une aiguillée de fil tirée d'une trousse. Il ne semblait pas le moins du monde avoir peur de la chienne, qui de son côté ne faisait nulle objection à sa compagnie. D'après ce principe que les bons chiens savent ce que leur maître pense inconsciemment d'un étranger, Ommony décida que le Thibétain n'était animé que de sentiments amicaux.

En fait, il ne s'inquiétait pas beaucoup de savoir où il allait. Il se devinait engagé sur la Voie moyenne, ce qui était le plus important. Les détails de l'itinéraire, il le savait, pouvaient changer d'une heure à l'autre.

Cependant il essaya à tout hasard de sonder le Thibétain, dans l'esprit de désarmer encore mieux le soupçon en se montrant naturellement et franchement curieux.

– Où allons-nous? demanda-t-il en *prakrit.*

– Où il plaît au saint lama Tsiang Sandup, répondit l'homme.

CHAPITRE XI

OÙ SOMMES-NOUS ?

Ommony se trouvait fort mal à l'aise, transpirant au point que ses vêtements de coton lui collaient au corps, respirant des odeurs d'éléphant, de chien et de Dawa Tsering dont le mélange ne constituait pas précisément un parfum de boudoir, et fondé à se croire en danger mortel. Absolument satisfait, il ne regrettait rien et ne désirait pas revenir en arrière.

De temps en temps se produisaient des haltes ; on entendait alors des voix contenues d'hommes à pied surgissant de la nuit, qui donnaient des ordres brefs mais impossibles à comprendre au travers des rideaux. À maintes reprises Ommony aurait pu dégringoler du haoudah et se laisser glisser à terre en s'aidant de la queue de l'éléphant, puis suivre la caravane ou la faire suivre par Diane s'il la perdait de vue. Toute réflexion faite, il trouva préférable de rester comme Jonas dans le ventre de la baleine.

Au bout de deux heures de roulis nettement dépourvues de satisfaction, les intestins de Dawa Tsering commençaient à se remettre en place, et son caractère ensoleillé reprit le dessus.

– Détache-moi ; Goupta Rao ! Je regrette d'avoir hurlé ton autre nom. Je tuerai l'idiot qui m'a entendu : ainsi personne n'en sera plus avisé, et toi et moi redeviendrons amis.

– Espères-tu jamais revoir Spiti ? demanda Ommony.

– Par le vent qui y souffle et par les femmes qu'on entend rire, j'y retournerai sûrement. J'y ai caché un trésor, gagné dans les trains. Détache-moi, Goupta Rao, ou je recommence à crier ton autre nom ! Je peux crier plus fort, maintenant que j'ai moins mal au ventre.

– Crie, et nous verrons ce qui arrivera, suggéra Ommony.

L'esprit d'enfant qui résidait dans la masse du montagnard soupesa un instant cette proposition.

– Non, décida-t-il. Il pourrait m'arriver malheur. Je ne suis pas en veine ces temps derniers. Mieux vaut me bien conduire.

– Le promets-tu ?

– Une promesse de moi à toi ? Mais il faudrait que je la tienne, et cela pourrait être mal commode !

– De mon côté, je promettrais de t'aider à retourner à Spiti au bon moment.

– Oh, très bien ! Seulement c'est moi qui choisirai le bon moment quand les démons me seront plus favorables. Détache-moi ; je me conduirai bien.

Ommony défit la corde. Le Thibétain, loin de s'y opposer, colla un bout de bougie sur le cadre du haoudah, l'alluma, tira un paquet de cartes et proposa une partie à Dawa Tsering. Ce fut une partie interminable ; tous les deux trichaient et réclamaient l'arbitrage d'Ommony, bien qu'il n'y eût pas d'argent engagé.

Environ dix minutes après l'aurore, l'éléphant fatigué fit définitivement halte dans une sorte d'enclos et battit une mesure lente pour appeler l'attention du *mahout* sur ses pattes endolories. Sur un ordre bref, l'animal se coucha, comme une colline qui glisse. Diane s'élança dehors et Ommony la suivit.

Les autres éléphants, déjà débarrassés de leurs fardeaux, se dirigeaient en traînant les pieds vers un hangar ouvert où les attendaient de gros tas de fourrages et d'énormes cuves d'eau. Les chameaux, encore chargés, étaient couchés dans un désordre pittoresque. D'un côté du terrain, des mules, rangées la croupe aux murs et attachées par une patte, hennissaient pour réclamer leur déjeuner. L'autre côté de l'enclos était formé d'un bâtiment à deux étages peu élevés, avec des vérandas superposées. Il y avait une étonnante profusion de mouches, de litière et d'odeurs.

Par-dessus le toit du bâtiment, où perchait une longue ligne de corneilles, apparaissait un fouillis d'autres toits dépourvus de toute prétention à l'architecture. De tous côtés s'élevaient des bruits de petite ville, le soufflet et le marteau du forgeron, les pattes de chèvres trottinant et les pas plus lourds du bétail qu'on mène aux champs. Un minaret attirait les regards, ainsi que le toit d'un temple hindou orné de sculptures représentant la passion d'un dieu. L'enclos était fermé et la porte gardée par deux hommes, sans armes apparentes, mais évidemment revêches et alertes. On ne voyait pas trace du lama, ni d'aucune femme.

Au bout d'une minute ou deux Maïtraya apparut à une porte du long balcon et salua Ommony avec la familiarité que développent les voyages en commun.

Cependant Diane explorait pour son propre compte, alarmait les mules, offensait les chameaux et réduisait les éléphants à l'état de vieilles filles nerveuses ; si bien que les malhouts hurlaient en chœur, menaçaient de lui jeter des bâtons, du fumier et toutes sortes de projectiles ; mais ils n'osaient pas mettre leurs menaces à exécution. Diane, solennellement indifférente aux injures et dédaigneuse des éléphants depuis qu'elle avait voyagé sur le dos de l'un d'eux, fourrait le nez dans les coins ; elle atteignit enfin la dernière porte sous le balcon, et, la trouvant ouverte, elle entra. Aussitôt s'éleva un concert de voix féminines. Maïtraya grimaça un sourire.

– Goupta Rao, dit-il, j'ai vu bien des curiosités dans ma vie, mais ces danseuses les dépassent toutes ! Je les ai vues descendre des éléphants, et, par Vishnou, je vous assure que mon cœur bat encore ! Que de beauté, quelle chasteté tempérée de gaieté, quelle modestie féminine indemne d'humilité ! Si quelqu'un me disait que ce sont des déesses, je le croirais ! Je prévois des aventures, Goupta Rao ! La divinité qui vous a soulagé de votre portefeuille à Bikanir aura une douzaine de dangereuses rivales ! Par Krishna ! je me passionne, je me sens enflammé d'amour ! Si je puis trouver un temple d'Hamman, j'y ferai des offrandes et un sacrifice ce matin !

Diane émergea de la porte, sous la conduite de Samding, qui la tenait par le collier. Apercevant Ommony, le chéla lui fit signe en souriant d'appeler la chienne.

– Je hais ce chéla ! dit Maïtraya en faisant la grimace. Ne vous ai-je pas dit que j'en deviendrais jaloux ? J'en avais l'intuition. Est-il possible que ces créatures deux fois nées soient les femmes du chéla ?

– Deux fois nées ! Qui appelez-vous ainsi ? demanda Ommony, prompt à affirmer les droits d'un Brahmine.

– Pranam ! dit Maïtraya. Mais attendez de les avoir vues !

Poussé par l'idée que la chance le favoriserait peut-être, et aussi par le désir de soutenir sa réputation de Bhat, Ommony marcha à loisir vers la porte qui avait livré passage à Samding et aux rires des femmes. Elle était entrebâillée. Mais à peine l'avait-il atteinte que le Thibétain qui avait voyagé avec lui durant la nuit le toucha à l'épaule, le conduisit à la porte située à l'extrémité opposée de la véranda, et le poussa presque avec violence dans une chambre meublée d'une table propre et d'un banc de bois. La table était chargée de victuailles, fruits, lait, *choupattis* (tartes), miel, beurre, riz bouilli et fleurs en quantité suffisante pour un festin de noce. Le Thibétain frappa à la porte, et Ommony l'entendit la fermer à clef au dehors.

Cependant la chambre avait deux portes, et les volets de la fenêtre n'étaient pas condamnés. Il alla d'abord à la fenêtre pour s'assurer que Diane était à portée de la voix : elle regardait Dawa Tsering engloutir son déjeuner à l'ombre du mur de l'enclos, à moins de quinze pieds de distance. Rassuré sur ce point, il découvrit que la porte intérieure n'était pas fermée à clef. Il attaqua donc son repas précaution importante quand on ne sait pas ce que vous réservent les cinq prochaines minutes.

Le lama entra par la porte intérieure juste au moment où Ommony achevait de déjeuner. Il était seul ; et, dévêtu de l'attirail guerrier de la nuit précédente, il paraissait vieux de nouveau, immensément vieux, car la lumière du matin, filtrant par les jours des volets, mettait toutes ses rides en relief.

Cependant il y avait dans ses yeux de la gaieté et un regard invincible bleu-gris et bien éveillé. Son corps pour le moment semblait ratatiné, et malgré un affaiblissement des épaules apparemment trop fatiguées pour soutenir sa tête, sa taille était beaucoup plus haute que celle d'Ommony. Quelque chose autre que la stature, quelque qualité indéfinissable le faisait paraître grand, et rapetissait Ommony.

– Que la paix vous perfectionne dans toutes ses voies !

La bénédiction était solennelle, mais la voix sonnait avec une jeune assurance, comme il sentait sa volonté de bénir absolument irrésistible.

– Et que la paix soit avec vous, mon père ! répondit Ommony, conscient que sa voix sonnait plate et vide.

Il s'était levé à l'entrée du lama, presque intimidé, comme un petit garçon en présence d'un professeur sévèrement enjoué.

– Et la nourriture était-elle suffisante ? Et assez bonne ? demanda le lama. Le voyage ne vous a-t-il pas fatigué ?

– Où sommes-nous ? demanda brusquement Ommony.

C'était la première fois qu'il avait l'occasion de causer tête à tête avec le lama ; il se promit d'en tirer tout le parti possible. Mais le lama ne fit que sourire jusqu'à ce que toutes ses rides fussent en mouvement, et ses vieux yeux intrépides brillèrent de bonne humeur :

– Mon fils, celui qui sait où il est en sait plus long que tous les dieux. Celui qui sait ce qu'il est connaît toutes choses. N'est-ce pas assez que nous soyons où nous devons être ? L'univers entier n'est-il pas un mystère ? Comment la partie serait-elle plus compréhensible que le tout, puisqu'elle doit participer de la qualité de ce tout ?

Cependant Ommony n'était pas d'humeur à se laisser lanterner par de sages énigmes. Il avança la mâchoire avec obstination.

– J'ai été enfermé ici, dit-il. J'ai le droit de savoir pourquoi.

– Pour empêcher d'entrer les intrus que leur ignorance aurait pu pousser à le faire, répondit le lama, exactement comme s'il enseignait à l'école. Il n'est pas bon de placer la tentation sur la route des curieux.

Désorienté, Ommony fit une nouvelle tentative, avec plus de brusquerie.

– Vous savez qui je suis, commença-t-il, en anglais.

Mais le lama l'interrompit en ourdou :

– Mon fils, si je savais cela, je serais plus sage que tous ceux dont le devoir est de gouverner les étoiles ! Vous avez répondu au nom de Goupta Rao.

– Pour l'amour de Dieu, reprit Ommony en anglais, pourquoi ne pas me dire tout de suite où vous voulez en venir ? Je commencerai par être franc. Je vous espionne ? Je voudrais savoir que vous êtes au-dessus du soupçon, mais pour le présent, j'en doute.

– Mon fils, répondit en ourdou le lama, nul homme n'est au-dessus du soupçon. Le soleil et la lune projettent des ombres, où rampent les destructeurs. Le doute est l'avant-coureur de la décision. Les ombres même avancent. Toute révélation vient à qui sait attendre.

Ceci sonnait comme une promesse. Ommony s'en prévalut.

– Nous avons un intérêt en commun, Tilgaun. Pourquoi me traiter en ennemi ? Pourquoi ne pas éclaircir l'atmosphère en me disant la vérité sur ce qui signifie tout ce mystère ?

– Mon fils, dit le lama, toujours en ourdou, on ne peut jamais dire à un homme la vérité ; celle-ci est en lui ou elle n'y est pas. Si elle n'y est pas, il n'apercevra qu'illusion et s'égarera en conjectures. En quoi vous ai-je témoigné de l'inimitié ?

Pendant un instant régna le silence. Ommony cherchait une autre feinte pour déjouer la garde du lama, mais la dignité impersonnelle du vieillard constituait une armure de bonne trempe. Sauf l'impudence pure et simple, il ne voyait aucun moyen de pénétrer cette cuirasse ; et il n'est pas facile d'employer l'insolence envers un patriarche lorsqu'on s'est appliqué toute sa vie à respecter autrui. Le caractère même d'Ommony pesait contre lui dans la balance ; un instant il regretta presque de n'être pas un gamin mal élevé.

– Il y a des choses que vous pouvez voir, mais vous devez les interpréter à votre façon, continua le lama. Chacun à son tour, nous parvenons à comprendre. Les sages réfléchissent en silence, mais les sots font du tapage, et le bruit les conduit à leur perte.

Cela sonnait comme une menace, mais le visage du lama, aussi aimable que jamais, se fronça encore une fois de rides frémissantes et s'épanouit en un sourire bientôt résorbé dans les plis de sa peau d'ivoire bruni.

– Venez ! dit-il ; mais au lieu d'ouvrir la porte derrière lui, il marcha d'abord vers la fenêtre, repoussa les volets et émit une sorte de gloussement.

À la surprise d'Ommony, Diane sauta dans la chambre. Elle était pourtant dressée à se méfier des étrangers, et peu portée à obéir même aux amis de son maître sauf sur les injonctions de celui-ci. Elle fourra son museau dans la main du lama avant d'approcher d'Ommony pour lui faire des démonstrations.

Le lama les précéda dans un corridor étroit, ouvrit une porte à droite, et un concert de voix féminines s'échappa par cette issue ; cependant on n'apercevait encore aucune femme, car la porte donnait sur une tribune. Dans cette partie du bâtiment s'étendait une grande salle en contrebas, sur deux côtés de laquelle se prolongeait la tribune, abritée contre les regards par une balustrade pleine à hauteur de poitrine. Le lama conduisit Ommony dans la galerie du fond, d'une vingtaine de pieds de largeur, où, près d'une natte étendue, Samding attendait debout, pareil à un jeune dieu dans un merveilleux costume de teinte ivoire. Cependant, dieu ou homme, il dut déplacer la natte d'un ou deux pouces avant que le lama consentît à s'asseoir et fît signe à Ommony de l'imiter.

On était surpris de trouver une salle de ce genre si près d'étables à mulets et éléphants, mais l'assemblée qui l'occupait surprenait encore davantage. Les murs étaient tapissés d'étoffes peintes et le plancher jonché de coussins où siégeaient des dames indiennes, dont plusieurs de haute caste, bavardant avec de jeunes femmes qui n'appartenaient à aucune des castes ou tribus rencontrées jusqu'alors par Ommony. Sans être plus belles, au point de vue de la régularité des traits, que n'importe quelles femmes normalement agréables à voir, elles paraissaient bien vivantes, débordantes de gaieté et de jeunesse. Six ou sept d'entre elles étaient, sinon thibétaines, en tout cas d'origine mixte, en partie mongole, mais Ommony en compta quatorze qui n'entraient dans aucune catégorie de races connues et classées.

À certains égards, ces quatorze jeunes filles et les Thibétaines se ressemblaient. Toutes portaient un costume presque grec ; de coton blanc, mais aussi des bas, ce qui les distinguait nettement des Hindoues.

Elles avaient des teints de blondes, et l'une d'elles possédait une chevelure d'or réunie en deux tresses qui lui descendaient presque à la taille.

Toute cette scène semblait un rêve et ne paraissait pas naturelle précisément parce qu'elle l'était trop. On pouvait se croire hors de l'Inde. Ici des musulmanes se mêlaient avec des Hindoues, sans embarras ni dédain mutuels. Bien plus, les femmes de bonne caste — des soudras — bavardaient avec les autres sur un pied d'égalité.

À part l'arc-en-ciel de costumes des dames hindoues et leur façon de s'asseoir sur des coussins, on se serait cru dans une réunion d'Européennes ou d'Américaines, tant elles déployaient d'aise naturelle et de mépris pour les contraintes conventionnelles. Elles parlaient ourdou, quelques-unes avec difficulté, mais il était presque impossible de saisir leurs conversations du haut de la tribune, d'autant plus qu'elles bavardaient et riaient toutes ensemble. En dépit de cette gaieté, l'atmosphère rappelait celle d'une cérémonie religieuse ; on y sentait la préoccupation d'un but sérieux.

Les quatorze filles en blanc levaient constamment les yeux vers la tribune ; elles attendaient apparemment un signal quelconque, et Ommony eut largement l'occasion d'étudier leurs traits. C'était là, il n'en doutait pas, les enfants de contrebande dont avait parlé Benjamin ; seulement il y en avait quatorze au lieu de sept. Il devait donc exister d'autres agents que Benjamin. Mais ce fait compliquait le mystère au lieu de le simplifier. On pouvait estimer leurs âges comme variant de dix-sept à vingt-trois ou vingt-quatre ans, ce qui, en tenant compte des années écoulées, concordait assez bien avec le récit de Benjamin. Devenues de belles et fortes femmes, elles ne témoignaient pas la moindre trace de timidité, de maladresse ou de vulgarité, ni le moindre symptôme de manières forcées ou de répression. Le fait était incroyable, mais patent. Et qui les avait instruites ? Le lama ? Autant demander à une rivière de remonter vers sa source ! Il aurait pu en faire des nonnes dédaigneuses, ou des Thibétaines, mais non ce qu'elles étaient. Un point commençait à devenir évident il y avait, soit dans le pays d'Abor, soit dans l'endroit quelconque où le lama gardait ses secrets, des choses qui valaient la peine d'une investigation.

L'appréciation de Maïtraya restait bien au-dessous de la réalité. Elles étaient attrayantes, certes, mais ce n'était pas le genre de femmes dont s'amourache un Don Juan en tournée. Plusieurs des autres dames hindoues ou musulmanes étaient beaucoup plus jolies et semblaient plus disposées à s'égarer hors des pâturages orthodoxes de l'amour. Mais parmi les filles en blanc, y compris les Thibétaines, pas une seule ne paraissait capable de se laisser prendre aux flatteries masculines ! Elles regardaient avec des yeux sans crainte qui devaient inspirer confiance aux autres femmes.

Enfin le lama coupa court au flot des conversations. Assis tranquillement sur sa natte, il fit sonner un mot thibétain impérieux comme un coup de gong, et un silence instantané s'établit, comme dans une volière alarmée. Quelle que pût être l'âme du vieillard, il possédait le sens du dramatique et de la discipline. Il murmura quelques mots à Samding, et le chéla, ouvrant une porte au bord de la tribune, descendit dans la salle par un escalier tapissé.

Les mots font défaut pour décrire cette descente. Vue d'en haut et de derrière, c'était un mouvement d'un rythme exquis, aussi subtil que l'ondulation des hautes herbes agitées par le vent, et chargé en outre de la conscience d'une beauté abstraite. Ainsi devait marcher Apollon quand il descendit pour éveiller la Grèce à sa gloire. C'était presque inquiétant, aucun mortel n'a le droit de se mouvoir avec une harmonie si merveilleuse !

Il fut reçu en silence. Il tira de sa poitrine le fragment de jade, et, le tenant des deux mains à la hauteur de ses épaules, il passa entre les femmes, s'arrêtant pour laisser chacune à son tour le dévorer des yeux. Quelques-unes parurent entrer dans un état d'extase superstitieuse, d'autres semblaient animées d'une vive curiosité, toutes étaient respectueuses presque jusqu'à l'adoration. Et le lama les regardait comme si son destin dépendait du résultat de la cérémonie.

Le chéla ne disait rien, mais les femmes avaient la permission de le toucher et semblaient considérer ce contact comme une précieuse faveur. Au moment où il passait, elles posèrent un doigt de la main droite sur son épaule ; et une musulmane qui des deux mains s'attachait à lui presque passionnément fut réprimandée pour sa conduite par deux jeunes filles en blanc.

– Le jeu commence à prendre une tournure politique, pensa Ommony. Vasantaséna... hum ! Maintenant ces femmes... Je me suis toujours demandé pourquoi quelque homme de génie n'a pas essayé de conquérir l'Inde en gagnant d'abord les femmes à sa cause. De toute façon elles gouvernent le pays.

Soudain le lama gronda de nouveau ; c'est-à-dire que sa gorge de cuir remua comme celle d'un pélican avalant un gros poisson ; le bruit qui s'en échappa, à peine humain, vous faisait tressaillir et monopolisait l'attention.

L'intérêt d'Ommony s'accrut. Les femmes en blanc se couvrirent de manteaux noirs à capuchons. Les Hindoues et les Musulmanes s'enveloppèrent de voiles impénétrables pour échapper à la souillure des regards masculins du dehors, et toutes se dirigèrent vers la sortie en petits groupes de trois ou quatre, chaque groupe escortant une des femmes encapuchonnées.

Pas de doute : elles sortaient dans la rue. Une porte s'ouvrit sur un vestibule, à l'autre bout duquel Ommony put voir le soleil par une autre issue. Il aperçut des roues de voiture et entendit les piaffements de chevaux tourmentés par les mouches.

Samding remonta les marches et remit le fragment de jade au lama, qui l'enfouit dans son sein sans le regarder. Ommony observait étroitement le chéla. Était-ce un jeune homme européen ? Quelque chose semblait l'indiquer dans les traits nets et forts de ce visage et dans ce corps agile d'athlète. Mais il avait l'air trop abstrait, trop impersonnel, trop fascinateur ; et encore ces mots expriment bien vaguement l'impression qu'Ommony essayait de définir. Un jeune Européen de pareille tournure n'aurait pu s'empêcher de susciter une sorte de ressentiment chez les spectateurs, tandis que Samding n'éveillait chez ceux qui le voyaient que de l'admiration et une curiosité fébrile.

CHAPITRE XII

LE SIRDAR SIRCHÉ DING

Dès que la dernière femme fut sortie de la salle, le lama se leva avec l'aide de Samding et claqua des doigts pour appeler Diane. La chienne regarda Ommony qui, vivement intéressé, fit un signe approbateur ; elle courut au lama aussi naturellement que si elle l'avait connu toute sa vie, et descendit dans la salle avec lui et le chéla. Celui-ci arrangea la natte selon les désirs précis du lama et tous deux s'assirent face à la tribune en conversant à voix basse.

Un Thibétain poussa la porte par où les femmes étaient sorties, et aussitôt le lama et Samding se figèrent dans l'immobilité.

L'homme qui entra était Prabhou Singh, le plus jeune fils d'un rajah régnant. Ommony le reconnut d'après ses photographies ; il le connaissait bien de réputation, ayant eu l'occasion d'admirer ses justes et courageuses critiques de la domination étrangère. On le disait très lié avec Gandhi et par conséquent fort mal vu des autorités.

Grand, maigre et agile, il portait un turban de soie ordinaire et un costume de tussor très simple qui mettait en relief ses formes athlétiques ; il avait de gros yeux, une peau assez claire, la figure rasée sauf une moustache noire, et n'était paré d'aucun bijou. Il s'avança, pieds nus, avec une dignité virile, jusqu'à mi-chemin entre le lama et la porte, puis s'inclina profondément et se tint immobile.

– Que la paix soit avec vous et vous perfectionne dans toutes vos voies ! dit le lama.

– Paix à vous aussi, mon père, répondit-il. Tout s'est-il bien passé ? N'avez-vous manqué de rien ? Mes serviteurs se sont-ils bien conduits ? Aviez-vous assez d'éléphants ?

– Tout était pour le mieux, dit le lama.

– Et la mission a-t-elle réussi ?

– Oui, dans sa première partie.

Le lama plongea la main dans son sein et en tira le fragment de jade. Prabhou Singh s'approcha au bord de la natte, reçut le morceau de jade et recula pour l'examiner à la clarté d'une fenêtre. Nullement frappé de respect superstitieux, il maniait l'objet comme une œuvre d'art, rare et de valeur.

– J'en suis heureux, dit-il simplement au bout de deux minutes en le rendant au lama, qui le remit dans son sein.

Jusqu'alors Prabhou Singh n'avait pas semblé faire attention au chéla, toujours assis et immobile, mais dont les yeux ne perdaient pas un détail de la scène ; Ommony pouvait s'en assurer par la fente du panneau.

– San-Fun-Ho ! dit soudain le lama ; et le chéla se leva sur la natte.

Ce nom de théâtre était-il donc son vrai nom ?

Le mystère s'obscurcissait. L'attitude de Prabhou Singh se modifia instantanément. Intimidé, il s'inclina trois fois avec beaucoup plus de respect qu'il n'en avait témoigné au lama et se retira à reculons. Il semblait saisi d'un effroi presque physique ; pourtant d'un bout à l'autre de l'Inde il était renommé comme joueur de polo, ainsi que pour la franchise et la hardiesse avec lesquelles il disait aux vice-rois sa façon de penser, au risque même de sa liberté personnelle. Enfin, adossé à la porte, il recouvra sa présence d'esprit, exécuta sa sortie avec plus de grâce, sans oublier de saluer le lama.

Quelques instants après, celui-ci et le *chéla* se levèrent et quittèrent la salle par la porte de la rue, qu'ils refermèrent à clef.

Ommony, Diane et Dawa Tsering s'esquivèrent par le passage qui menait à l'enclos des éléphants. Il y régnait une confusion tranquille au sein d'une obscurité profonde. On chargeait les chameaux et les éléphants se tenaient en ligne devant le balcon, d'où les femmes, déjà voilées de noir, descendaient comme les fées dans des *haoudahs* fermés de rideaux. Ommony trouva le lama, avec Samding à son côté, debout près du dernier éléphant de la rangée ; en approchant, il entrevit une silhouette qui rappelait celle de Prabhou Singh et qui disparaissait dans la nuit après avoir remercié le lama.

– Pourquoi cette hâte? demanda Ommony. Les gens s'écrasaient à la porte pour réclamer une représentation. Pourquoi ne pas la leur donner?

– Mon fils, répondit le lama avec un soupçon d'impatience dans la voix, aucune conduite n'est bonne à moins d'être justifiée par sept raisons, comme aucune semaine n'est complète si elle ne contient sept jours. Vous pourrez monter sur cet éléphant, le troisième : que la paix monte en croupe et voyage avec vous !

Ommony, Dawa Tsering et Diane eurent pour compagnon de haoudah le même Thibétain qu'au précédent voyage, toujours aussi peu communicatif.

Deux heures environ avant l'aurore, on fit halte dans ce qui paraissait être une sorte de parc royal. Il y avait un mur d'enceinte et des subdivisions entourées de murs particuliers, mais rien n'indiquait quel pouvait être le propriétaire. Les éléphants, les chameaux et les mulets reprirent le chemin parcouru en entrant, laissant les bagages amoncelés dans une clairière. Quelqu'un cria une longue série d'ordres incompréhensibles, trois fois répétés, et Ommony fut vivement conduit à une tente dressée dans un espace triangulaire avec des arbres devant et des murs de chaque côté. Il y avait dans la tente un bon lit, et un repas copieux tout servi sur une table couverte d'une nappe. Pour Dawa Tsering un matelas était étendu sous le pan de la tente, et pour Diane un énorme tas de riz et d'os s'amoncelait près de sacs sur lesquels elle pourrait dormir. Ces os de bœuf semblaient indiquer que le propriétaire de l'endroit n'était pas un Hindou : il ne se montra pas, du reste ; aucun autre détail ne pouvait suggérer qui il était.

Quand Ommony eut fini de manger, Samding émergea de l'obscurité comme un fantôme et apparut à l'ouverture de la tente, tel un camée en relief sur le ciel.

– Tsiang Sandup vous envoie sa bénédiction, dit-il tranquillement ; il vous prie de ne pas quitter cet enclos et de ne pas dépasser les arbres.

Il disparut : et ce fut seulement après son départ qu'Ommony eut conscience qu'il avait parlé anglais.

Cependant, éreinté par les efforts physiques et la privation de sommeil, Ommony pouvait à peine tenir les yeux ouverts.

Il fut éveillé tard dans la nuit par un homme qui enlevait la vaisselle sale et servait un nouveau repas sur la table. Cet homme, qu'il n'avait jamais vu, était silencieux comme un automate. Diane, couchée en rond, dormait sur les sacs. Dawa Tsering, à l'odeur des aliments chauds, s'éveilla brusquement.

Il courut vers les arbres qui cachaient le bout de l'enclos puis revint en toute hâte en faisant des grimaces.

– Ça y est ! dit-il. Ils sont partis et nous ont laissés là !

Ommony avança nerveusement sa mâchoire obstinée. Une insulte de la bouche du lama l'aurait affecté dix fois moins.

– Le diable l'emporte, après tout ! murmura-t-il. Je lui ai avoué que je l'espionnais. S'il m'avait simplement demandé de le débarrasser de ma présence, je serais allé l'attendre à Tilgaun. Mais il se trompe s'il croit que je le laisserai filer maintenant ! Je le suivrai, dussé-je…

Il s'assit sur le lit, les regards tournés vers la chienne. Il remarqua soudain quelque chose à son collier et l'appela. C'était un papier attaché à l'anneau, rédigé en anglais d'une grosse écriture à la plume que, malgré l'absence de signature, il attribua au lama :

« Il y a un temps pour le silence et un temps pour la parole ; un temps pour regarder et un temps pour se cacher les yeux. C'est maintenant le moment de se taire et de ne rien voir. Obéissez à celui qui viendra se mettre à votre disposition. »

Mais l'homme qui les servait avait disparu. Les seules créatures visibles étaient des corneilles perchées sur les arbres voisins et les milans tournoyant paresseusement dans le ciel. Il régnait un silence presque parfait…, pas de toits…, pas de fumées indiquant la présence d'être humains à quinze kilomètres à la ronde.

– Je vais à la découverte, dit Dawa Tsering.

Ommony restait assis et relisait le billet. Peut-être le lama essayait-il simplement de lui faire perdre du temps et de retarder sa poursuite.

Au bout de dix minutes, Dawa Tsering revint, mais non de son propre gré. Il était mené par l'oreille, bien que son grand couteau fût dans sa main droite et que rien ne semblât l'empêcher de le plonger dans le ventre de son gardien.

Celui-ci ressemblait à un Sikh, mais pouvait aussi bien être un Rajpout. Haut de plus de six pieds, il portait la barbe noire partagée au milieu et relevée des deux côtés, et paraissait extrêmement beau sous son turban de soie grise dont le bout lui retombait sur l'épaule, et sous son uniforme d'aspect presque militaire — jaquette et pantalon de couleur khaki, et écharpe de soie grise autour de la taille.

Arrivé à trois pas de la tente, il lâcha l'oreille de Dawa Tsering et ne prêta plus la moindre attention au montagnard. Il fit un salut de sa façon qui n'avait rien de militaire, mais rappelait celui de la Rome ancienne, la main droite levée, la paume en dehors.

– Monsieur Ommony ? demanda-t-il en anglais.

– Non ! rugit derrière lui Dawa Tsering. C'est Goupta Rao, espèce d'ignorant idiot ! Un Brahmine Bhat de Bikanir — un homme qui a le diable dans la peau, et qui t'apprendra les bonnes manières !

– Oui, je suis Ommony.

Quelque chose dans la voix et les yeux avertit Ommony qu'il n'avait rien à gagner par des faux-fuyants. Il se leva et rendit le salut, en ajoutant au geste de la main droite un mouvement presque imperceptible. L'autre homme dit en souriant :

– Je suis le Sirdar Sirohé Singh, de Tilgaun.

Ommony émit un petit rire sec, comme un capitaine au long cours tousse de façon sarcastique quand un pilote manque le courant de marée. Au bout du compte, il retrouvait le Service Secret. C'était le Sirdar Sirohé Singh qui avait envoyé à MacGregor un rapport écrit sur la disparition du fragment de jade.

– Entrez ! dit-il brusquement, et il fit une place au Sirdar sur le lit. Il n'essayait pas de paraître enchanté de le voir. Mais les premiers mots du Sirdar changèrent tout l'aspect de l'affaire.

– J'espère bien que ma lettre au Numéro un n'a pas fait de mal, commença-t-il en allongeant ses jambes devant lui et en paraissant s'adresser à la paroi de la tente. Je me trouvais dans une situation difficile. Comme membre du Service Secret, j'étais obligé de faire un rapport. Comme ami du lama... je me sentais... naturellement... d'autres obligations. Ce n'est que lorsque vous avez été désigné pour faire une enquête que j'ai cessé de me tracasser.

– Qui vous a dit que j'étais désigné ? demanda Ommony.

– Oh ! je l'ai entendu dire. Les nouvelles se propagent, vous savez. Non, je ne suis pas allé à Delhi.

Il répondait à la pensée d'Ommony, qui n'avait pas formulé de question sur ce dernier point.

– Je suis arrivé du nord la nuit dernière. Le lama m'a demandé de me... mettre à votre disposition !

– Est-ce que cet endroit-ci vous appartient ? demanda Ommony, examinant à contre-jour ce profil calme et fort.

Il savait que le Sirdar passait pour un riche propriétaire.

– Non, il est pour le moment au service du lama.

– Dites-moi ce que vous savez du lama.

Le Sirdar tourna vivement la tête et regarda Ommony en face.

– Avez-vous reçu un billet attaché au collier du chien?

Ommony scruta l'énigme de ces yeux sombres et n'y découvrit rien, sinon que le Sirdar en savait beaucoup plus qu'il ne se proposait d'en dire. Il eut conscience aussi d'une sorte d'aversion et se rendit compte que ce sentiment était réciproque.

– Jusqu'à quel point êtes-vous à ma disposition? demanda-t-il brusquement.

– Je dois vous conduire à un autre endroit… c'est-à-dire, naturellement, en temps opportun, et si vous désirez y aller, pas autrement.

– Quel endroit? Le lama y sera-t-il?

– Probablement.

– Dites-moi ce que vous savez de Samding?

– Avez-vous lu le billet? demanda le Sirdar, soutenant de nouveau le regard fixé d'Ommony. J'ai un message pour vous de la part de Miss Sanburn. Elle m'a reçu le soir où j'ai quitté Tilgaun. Je ne lui ai pas caché que je vous rencontrerais peut-être quelque part. Elle m'a prié de vous transmettre son souvenir affectueux et de vous dire qu'elle serait heureuse de savoir exactement à quel moment elle peut s'attendre à vous voir.

Ommony rumina la nouvelle pendant une demi-minute. Il ne pouvait imaginer aucune raison légitime pour qu'Anna Sanburn lui demandât de l'avertir d'avance. Comme mandataire, c'était son devoir de faire des visites imprévues. L'histoire racontée par Mme Campbell au sujet d'une jeune fille nommée Elsa, et dont il n'avait jamais soupçonné l'existence auparavant, lui fournissait une excellente raison pour faire une visite inopinée.

– Quand reverrez-vous Miss Sanburn? demanda-t-il.

– Oh! d'ici très peu de temps.

– Alors, veuillez ne pas lui dire que vous m'avez rencontré.

Le Sirdar fit un signe d'assentiment.

– Avez-vous vu, ces temps derniers, Elsa, l'amie de Miss Sanburn ?

– Elsa ? dit l'autre.

– Je vois que vous ne la connaissez pas, dit Ommony sans conviction, mais jugeant inutile de poursuivre le sujet.

– Quand partirons-nous d'ici? demanda-t-il.

– Ce soir. Le lama m'a prié de vous prévenir qu'il serait sage de ne pas sortir de votre tente avant que je vinsse vous chercher... après le repas du soir.

– Très bien, dit Ommony, et il se leva pour couper court à l'entrevue.

Il était absurde de causer avec un homme déterminé à ne rien dire.

– Je serai ici quand vous viendrez.

Le Sirdar s'inclina avec dignité et sortit. À peine fut-il hors de portée de la voix qu'Ommony appela Dawa Tsering sous la tente.

– As-tu vu ma malle quelque part ?

– Non, tout est parti, mon manteau de poil de yak et mes bonnes couvertures aussi. Ces Thibétains...

C'était une bonne nouvelle : il semblait que le lama eût réellement l'intention de les attendre quelque part.

Ommony se jeta sur le lit de camp et s'efforça d'accepter la situation avec calme. Rien ne servait de se torturer la cervelle. Voici que le mystère se compliquait du fait que le Sirdar, membre du Service Secret et se croyant obligé de faire un rapport sur tout événement inaccoutumé, prêtait la main sans hésitation à obscurcir la piste signalée par lui-même à MacGregor comme méritant une enquête ; cet homme, qui répondait instantanément au signal de reconnaissance du Service Secret, refusait de fournir aucun renseignement ; il avait reçu de MacGregor la consigne de rester à Tilgaun pour observer les événements, et il se montrait sans vergogne à deux journées de marche de Delhi — c'est-à-dire à près de mille kilomètres de Tilgaun — à un collègue du service, sans avoir la moindre raison de supposer que celui-ci ne le dénoncerait pas.

Le mystère s'épaissit encore lorsque tomba la nuit. L'étrange et muet serviteur qui avait apporté le déjeuner servit le souper et se retira à vingt mètres de distance ; il fit des signaux avec une serviette quand Ommony eut fini de manger. Presque aussitôt le Sirdar apparut entre les arbres avec une lanterne et appela Goupta Rao à haute voix, reculant à mesure qu'avançait Ommony ; parvenu de l'autre côté de la ceinture d'arbres, celui-ci entrevit des formes vagues, des hommes, des chevaux alignés, une douzaine au moins, avec des intervalles que remplissaient de grandes voitures, et enfin, souriant avec placidité comme si le croissant de lune qui brillait par-dessus son épaule était une auréole dont il venait de se débarrasser, le lama en personne.

Samding était là, se promenant parmi les chevaux, les caressant. Ommony le vit desserrer une rêne. Le lama fit un signe de tête à Ommony, monta dans la première voiture, suivi de Samding, et le véhicule partit au galop de ses six chevaux, oscillant comme un gros canon qui va prendre position. Le Sirdar poussa Ommony dans la voiture suivante, qui n'avait que quatre chevaux, donna à Diane juste le temps de sauter derrière son maître, et ferma violemment la porte, presque sur la queue de la bête. Aussitôt un fouet claqua, et la voiture roula et tangua dans le sillage du lama. Une troisième voiture s'ébranla un instant après, puis une quatrième.

On roula à une allure effrénée. La fuite, évidemment préconcertée, s'accomplissait en bon ordre. Des chevaux frais étaient disposés en relais d'une dizaine de kilomètres, mais à chaque fois que s'opérait le changement, des hommes accouraient de chaque côté de la voiture et tenaient les portières fermées, puis restaient sur les marchepieds jusqu'à ce que le relais fût perdu de vue.

L'aurore approchait quand ils roulèrent sur le pavé d'une petite ville ; mais rien ne pouvait indiquer quelle était cette localité. Enfin des dalles sonnèrent sous les sabots des chevaux, un portail se referma et un Thibétain ouvrit la portière. Ommony se trouva dans une cour, devant ce qui semblait être la porte d'un temple, sauf qu'on ne voyait pas de temple derrière — il n'y avait qu'un mur et un épais taillis au flanc d'une pente de plusieurs kilomètres.

Le Thibétain, le tenant par le coude, lui fit monter des marches, franchir une porte et redescendre une rampe aboutissant à une caverne éclairée par des lampes à pétrole disposées dans des niches taillées en plein roc. Un labyrinthe de passages s'enfonçait à droite et à gauche, et ils arrivèrent à une vaste salle dont la voûte était en partie naturelle et en partie soutenue par des murs de construction très ancienne, et qui aurait pu contenir cinq mille personnes.

Son guide lui fit traverser cette grande crypte, et, par un court passage situé au fond, le mena dans une autre salle plus petite où Maïtraya, ses acteurs et plusieurs Thibétains dormaient sur une estrade en bois. En face de cette plateforme se trouvait une porte. Le Thibétain l'ouvrit et conduisit Ommony par un petit corridor dans une sorte de puits carré et de là dans une cave d'environ vingt pieds de long, simplement mais confortablement meublée. Le Thibétain le quitta sans prononcer un mot.

Aucune restriction ne lui avait été imposée, aucune injonction de rester dans cette cave. Il en sortit donc et s'assit à l'entrée, regardant l'aurore remplir peu à peu le puits de lumière.

Au bout d'un instant, le lama entra, suivi de Samding et de plusieurs Thibétains. Ils traversèrent la salle et disparurent par l'une des ouvertures recouvertes de nattes. Peu de temps après, de grandes quantités de victuailles — de quoi nourrir vingt ou trente personnes — furent apportées dans des bols de faïence. Une ration suffisante pour deux hommes fut déposée près d'Ommony, et le reste fut emporté par la porte qu'avait franchie le lama.

Au bout d'un certain temps, Samding revint :

– Si quelque chose manque à votre confort, dit-il, je suis à vos ordres.

Ommony se mit à rire.

– Très bien ! Mais expliquez-moi d'abord ce que tout cela signifie !

La figure de Samding s'éclaira d'une gaieté soudaine, d'une hilarité qui n'avait rien d'agressif, d'un rire bienveillant, sage, humoristique.

– Tsiang Sandup dit que la connaissance vient du dedans et non du dehors, répondit-il. Ce qu'un homme pense se reflète dans son ambiance.

– Où avez-vous appris l'anglais? demanda Ommony.

– De l'intérieur, dit le chéla. Toute connaissance vient du dedans.

Ommony se mit à rire à son tour.

– Alors, dites-moi du dedans où est Dawa Tsering.

– Il vous le dira lui-même, répondit le chéla.

Il recula d'un pas et montra la cave d'Ommony; Dawa Stering, assis à l'entrée, se grattait le dos contre le rocher. Le chéla se retira après avoir caressé la tête de Diane, qui le suivit jusqu'à l'entrée de la cave du lama.

– Où as-tu été? demanda Ommony, s'arrêtant devant le montagnard.

– Nulle part. J'ai roulé dans la voiture derrière toi, avec un tas de Thibétains. Ce sont des sots; je leur ai gagné leur argent en jouant aux dés. Espérant que la veine continuerait en arrivant ici, j'ai découvert où sont ces femmes — elles sont toutes ensemble dans une grande caverne —, puisse-t-elle crouler sur elles et les ensevelir! Il y en avait trop, et elles se sont moquées de moi. Mais attends que je les trouve seules, l'une après l'autre! Je ne suis pas homme à me laisser tourner en dérision par des femmes, Goupta Rao!

CHAPITRE XIII

Ommony capitule

Dawa Tsering ne voulut pas en dire plus long sur son aventure parmi les femmes, mais il comprenait clairement qu'il s'était rendu ridicule. Il s'estimait heureux de n'avoir pas été surpris et maltraité.

Abandonnés à eux-mêmes, les deux hommes regardèrent les oiseaux tournoyer comme des points sur l'azur infini, jusqu'au moment où l'ombre s'épaissit dans le puits. Les bruits moururent avec la clarté, et l'unique lanterne qu'un homme accrocha au-dessus de la porte du lama ne suffisait guère à dissiper les ténèbres.

On leur apporta encore une fois des victuailles, avec des os pour la chienne comme d'habitude, et une bougie pour coller sur le sol de la cave. Rien d'autre n'arriva jusqu'au moment où la voix sonore du lama retentit dans l'obscurité. Ommony le rejoignit et le suivit par le corridor jusqu'à la vaste caverne traversée le matin. Elle était déjà remplie de gens assis sur des nattes ou sur la terre nue et qui conversaient à voix basse. De l'entrée, où se pressaient des centaines d'autres arrivants, parvenait un traînement de pieds pareil au bruissement du vent ou de l'eau courante.

L'éclairage restreint était fourni par de petites lampes fumeuses posées dans les anfractuosités des murs de rocher. Une cloche sonna à l'apparition du lama, et l'orchestre, presque invisible dans la pénombre, éclata en harmonie comme Stravinsky n'en a jamais imaginé, remplissant la caverne d'un tapage à faire dresser les cheveux sur la tête, un vacarme sans trêve et lancinant, ponctué par les rauques hurlements des radongs.

À un bout de la caverne on avait érigé une scène fortement charpentée et un rideau grossier derrière lequel les mena le lama. Le décor était déjà planté, et le maquilleur achevait de grimer le dernier des acteurs. Des Thibétains se saisirent d'Ommony et l'habillèrent pour son rôle à la lueur des bougies ; cependant, dans les coulisses improvisées, où des femmes bavardaient et riaient, des batteries de lampes à acétylène étaient prêtes à fonctionner sous la direction d'un homme qui ressemblait à un Parsi. À la place de la rampe, des miroirs étaient disposés pour refléter cet éclairage sur les acteurs.

Immédiatement avant le début de la représentation le lama s'avança devant le rideau et la musique se tut. L'endroit où il se tenait n'était pas éclairé, et lui-même, pour le public, devait ressembler à une ombre vaguement esquissée sur l'étoffe foncée. Il raconta une histoire entremêlée de proverbes, et la présence de ce vaste auditoire ne se révélait que pendant les pauses, lorsque les gens reprenaient leur respiration. Dès qu'Ommony eut achevé son maquillage, il vint se placer au bord du rideau, d'où il pouvait entendre le lama et voir les milliers d'yeux dans lesquels se reflétait la faible clarté des lampes, comme dans une eau calme la lueur des étoiles.

Le lama franchit le rideau, jeta un coup d'œil à droite et à gauche pour voir si chacun était bien à sa place, s'assit derrière le puits et donna le signal.

Il jouait de sa troupe comme d'un instrument de musique, *Sotto voce*, il inspirait les personnages en scène, et pas un n'osait relâcher son attention un seul instant de peur de perdre le fil conducteur. Il semblait adapter la pièce à la nouvelle ambiance, intensifiait le mystère d'accord avec la sombre solennité de l'immense caverne. L'éclairage à l'acétylène répandait sur toutes choses une pâleur fantastique et donnait aux figures un relief de camées ; le lama, au lieu de lutter contre cette particularité, en tirait tout le parti possible.

Vers la fin du dernier acte, l'auditoire était tenu sous le charme, trop intéressé pour applaudir immédiatement, et le lama profita encore de cette circonstance. Il passa vivement devant le rideau, et s'arrêta les deux mains levées, comme l'annonciateur d'un apogée.

– Paix ! dit-il d'une voix sonore. La paix naît dans le sein du silence. Retirez-vous sans parler ! Ne brisez pas le fil de la paix ! Vous avez conçu la paix, enfantez-la !

L'orchestre se mit à jouer doucement, mêlant des sons paisibles comme celui de la pluie, le bouillonnement des torrents et la chute de lointaines cataractes, avec des chants d'oiseaux et des soupirs du vent dans les arbres, en un rythme à la fois mélancolique et majestueux que soulignait la note triomphale de tambours voilés.

– Et s'ils voulaient s'abstenir de bavarder pendant un jour ou deux, peut-être pourraient-ils se souvenir ! remarqua le lama, s'arrêtant un instant au passage devant Ommony, que l'on débarrassait de son costume de saddhou. Il y a de la vertu dans le silence !

– Écoutez, chevalier des énigmes ! dit Ommony, essayant de parler avec un respect accentué, mais sans y réussir, car un Thibétain lui frottait la figure avec une serviette pour enlever son fard. Vous m'intriguez autant que jamais, et je continuerai à vous espionner tant que vous le permettrez. Mais je suis votre ami, pour tout ce que je vaux. Je voudrais que vous le compreniez.

C'était le discours le plus pathétique qu'il eût prononcé depuis vingt ans. L'émotion lui serrait la gorge, et il n'avait pu s'empêcher de parler.

Le lama sourit ; ses rides multiplièrent la bonté sagace de ses yeux vifs.

– Pour tout ce que vous valez? Si vous saviez, mon fils, quelle valeur cela représente, vous seriez moins extravagant.

Ne sautez pas d'une émotion à une autre, de peur de perdre votre empire sur vous-même, répondit-il, et il passa, en faisant signe à Samding de le suivre.

Le même élan rapide et précis dans tous ses détails présida à l'emballage, au départ, à la même fuite sans motif apparent ; cette fois dans des charrettes à bœufs couvertes qui craquaient dans les rues faiblement éclairées, jusqu'à un camp dressé dans un faubourg de la ville, où attendaient des chameaux et des chevaux. Tous les membres de la troupe défilèrent à cheval, enveloppés de façon à être méconnaissables, à l'exception du lama, qui, assis sur un chameau en tête de la procession, ressemblait à un énorme vieux vampire, la tête penchée sur la poitrine.

Deux heures après minuit ils atteignirent un village où ils reprirent des charrettes à bœufs ; celles-ci les transportèrent à une ville où ils entrèrent peu de temps après le lever du soleil. Pour la première fois, aucune disposition n'était prévue pour empêcher Ommony de s'informer du lieu où il était. Le lama l'avait pris au mot.

Ommony se mit à rire en constatant l'inévitable effet de cette mesure. Il aurait presque préféré que l'on continuât à se méfier de lui. Il connaissait suffisamment sa propre nature pour savoir qu'il se considérerait désormais comme l'hôte du lama. Aussi curieux, aussi intéressé, aussi intrigué que jamais, mais certain que le lama était « un vrai joueur », il résolut de ne rien apprendre qu'il pût être obligé d'expliquer plus tard, par exemple à MacGregor.

– Je déteste cette façon de condamner un homme sur de simples soupçons. Le vieux avait droit au bénéfice du doute. De ma part, désormais, il l'aura. J'ai honte d'avoir douté de lui. Et je n'aime pas avoir honte !

L'obstination présente son bon côté. Une fois convaincu que le lama était digne de respect, Ommony ne pouvait s'empêcher de le vénérer et de le protéger comme il avait fait jadis pour Benjamin fuyant l'injustice.

Il ne pouvait résister au désir de demeurer en compagnie du lama, bien qu'assez vraisemblablement sa présence sous un déguisement pût tôt ou tard constituer un danger mortel pour toute la troupe. Il finit par se trouver une excuse spécieuse dont il fut le premier à rire, en se disant que lui-même, ainsi que Dawa Tsering et la chienne, étaient indispensables.

Mais lorsqu'il eut été conduit dans une petite chambre au fond de l'enclos d'un temple qui paraissait abandonné par ses propriétaires hindous et réservé à l'usage du lama, celui-ci entra, accompagné comme à l'habitude de Samding, le regarda un instant, sembla lire sa pensée et dissipa d'un souffle ce fragile argument.

– Mon fils, je n'ai pas besoin de vous, ni du chien, ni de Dawa Tsering. Tous les trois vous avez votre valeur, mais ce n'est pas à moi de modeler votre destinée. Existe-t-il une autre voie que vous préfériez suivre?

Le lama parut amusé. Ses rides remuèrent comme pour livrer passage à un sourire caché dans leurs profondeurs.

– Mon fils, espionner est une chose, et absorber de la clarté en est une autre. Un homme pourrait espionner toute l'éternité et n'apprendre que des choses confuses. Dans quel dessein m'avez-vous espionné au début?

Ommony se précipita sur l'occasion enfin offerte par cette franche ouverture.

– Je crois que vous le savez sans que je vous le dise. Au début, mon unique intention était de trouver le moyen de m'introduire dans la vallée d'Abor pour y rechercher les traces de ma sœur et de son mari, qui ont disparu dans cette direction voilà vingt ans. Le morceau de jade m'est tombé entre les mains, et vous savez comment cela a amené notre rencontre. Ensuite j'ai entendu raconter une histoire de fillettes européennes expédiées en secret dans la vallée d'Abor. J'ai vu les jeunes filles dans votre compagnie. Expliquez-moi qui elles sont. Révélez-moi le mystère.

Le lama hésita.

– Je pourrais vous parler des étoiles, dit-il au bout d'un instant. Cependant en méditant sur ce sujet et en les observant, vous en apprendriez plus long que je ne pourrais vous en dire. Mon fils, avez-vous médité au sujet de votre sœur?

– Continuellement et par intervalles, depuis vingt ans.

– Et maintenant vous poursuivez la marche découverte par votre méditation? Il me semble que c'est la meilleure chose à faire.

– Vous voulez dire que si je reste avec vous je découvrirai ce que je cherche?

– Je ne suis pas diseur de bonne aventure. L'électricité, mon fils, existait dans le monde dès le commencement. Combien de millions d'hommes ont observé ses effets avant qu'un d'entre eux l'ait découverte? L'or existait dans le monde dès le début. Combien de gens ont passé sur son gîte avant qu'un d'entre eux l'eût trouvé en creusant? La sagesse existait dans l'univers dès l'origine des temps; mais ceux-là seuls dont l'esprit est ouvert peuvent déduire la vérité de ce qu'ils voient.

– Savez-vous ce que ma sœur est devenue? demanda Ommony avec brusquerie.

Le lama ne sembla pas remarquer ce ton agressif. Il répondit d'un air énigmatique, comme s'il pesait encore la portée de ses paroles:

– Si je vous disais tout ce que je sais, vous en tireriez inévitablement une conclusion erronée. Le sentier de la connaissance est semé de chausse-trapes. Le soupçon et l'orgueil sont les pièges les plus dangereux, mais le désir d'apprendre trop vite est un grave obstacle.

Le temps de respirer deux ou trois fois, il parut se demander s'il ajouterait ou non quelque chose; puis il appuya un bras sur l'épaule de Samding et sortit de la chambre sans rien dire.

CHAPITRE XIV

De Darjeeling à Tilgaun

En atteignant Darjeeling, Ommony était convaincu de deux choses ; d'abord, aucun profane ne pouvait découvrir la Voie moyenne, qui s'ouvre, se forme ou se modifie en détail au gré d'individus inconnus mais parfaitement obéis ; ensuite le lama recevait lui-même les ordres d'une hiérarchie secrète ; dans l'échelle lamaïque, le rang d'un Ringding-Gelong est moins élevé que celui d'un cardinal dans l'église romaine. Quoi qu'il en soit, il se rendit droit à un monastère thibétain qui ouvrit ses portes à toute la troupe. Ils arrivèrent à l'aurore, après avoir couru toute la nuit à dos de mulet sur un sentier tortueux qui croisait et recroisait la courbe de la voie ferrée, grimpant à travers des nuages qui les enveloppaient d'humidité et de silence, jusqu'à ce que le soleil levant brillât soudainement à travers les pins, et que le toit du couvent étincelât à mille mètres devant eux.

Le rugissement des radongs, apporté par un vent frisquet, leur annonça qu'ils étaient aperçus. Une procession de religieux en robe brune s'avança à leur rencontre : chaque moine tournait un moulin à prière et souriait en marmottant l'éternelle formule *« Om mani padmé houm »* dont la répétition ferme les portes des divers mondes d'illusion et favorise la méditation pure. Personne ne semblait scandalisé de ce que Tsiang Sandup et son chéla n'eussent pas leur moulin. Maïtraya et ses acteurs reçurent la même bienvenue que les autres. Ommony fut accueilli par les sourires enfantins de figures mongoles à la peau huileuse et aux yeux bridés qui ne trahissaient pas le moindre soupçon. La chienne suscita des claquements de langue. Tsiang Sandup paraissait à peu près considéré comme l'égal de l'abbé à barbe grise qui les reçut sous le grand porche ; il n'y eut pas d'intervalle perceptible entre leurs mutuelles salutations, bien que ce fût l'abbé qui conférât la bénédiction.

Une fois franchie la porte du monastère, Ommony fut conduit à une cellule sous les combles. Un vieux moine jovial lui apporta le déjeuner ; riant et claquant des doigts devant Diane, mais restant muet devant les questions. Il savait qu'Ommony n'était pas un Brahmine ; la marque de caste suscita son hilarité ; il toucha son propre front d'un geste comique et s'en alla tourner le moulin à prière qu'il passait à la ceinture quand il voulait se servir des deux mains : il semblait pressé de rattraper le temps perdu.

Peu après une cloche sonna qui semblait proclamer une circonstance extraordinaire ; Ommony se hâta à travers les froids corridors de pierre et se trouva dans une galerie d'où la vue plongeait dans une salle obscure à travers des nuages d'encens. Autour de lui pendaient d'antiques bannières de soie ; des images du Bouddha et de ses disciples se détachaient en relief sur les murs sombres ; la pénombre était enrichie de couleurs, animée d'une respiration tranquille, et il y apercevait des rangées de têtes de moines.

À un bout de la salle un autel doré et merveilleusement sculpté se dressait devant une statue de Chenresi. Tous les accessoires de l'autel étaient en or, et au milieu, sur un plateau d'or, était posée la pièce rare du monastère, le livre appelé Pard-Todor.

Une musique vague se fit entendre, suivie d'un chant bien connu, cet hymne à Manjusi qui avait fait vibrer tant d'auditoires, et enfin à travers les nuages d'encens Ommony put distinguer les formes du lama et de Samding. Le chéla tenait à deux mains le fragment de jade et marchait solennellement vers l'autel, où l'attendaient l'abbé et le lama.

La pluie qui faisait rage depuis le matin cessa de clapoter sur les tuiles du toit. Un rayon de soleil, passant par une étroite fenêtre, se refléta dans le jade au moment où le chéla le posait sur l'autel et l'illumina d'une flamme verte. Les radongs rugirent. L'hymne se transforma en un chant de triomphe, s'enfla en accords grandioses qui firent trembler les poutres. Mais Ommony l'entendit à peine. Autre chose retenait son attention, au moment où, presque exactement au-dessous de lui, le chéla traversait le rayon de soleil.

– Voyons, est-ce que je rêve? murmura-t-il.

Il se frotta les yeux, s'assura de leur bon fonctionnement en fixant la statue et les moines, puis les reporta vers le chéla :

– Le diable m'emporte si ce n'est pas…

Il regarda Diane couchée à côté de lui dans la galerie, et sa grosse tête bourrée de renseignements qu'elle n'avait pas le pouvoir de formuler.

– Je suppose que si tu pouvais parler, tu perdrais tes autres qualités, murmura-t-il.

Puis il siffla doucement en lui-même.

– Ma vieille Diane, voici la plus belle piste que tu aies jamais flairée. *Motus* est le mot d'ordre. Je m'incline devant ta supériorité.

Le service religieux ne l'intéressait plus. Il n'attendit pas pour voir ce qu'ils feraient du morceau de jade, dont il ne se souciait plus le moins du monde. Il était comme ivre d'un nouvel enthousiasme et d'un mystère à demi résolu qui déchaînait dans sa cervelle les conjectures les plus folles.

Il grillait maintenant d'aller à Tilgaun, d'abord parce que cette ville était à mi-chemin de la mystérieuse vallée, mais aussi pour une autre raison qui le fit rire : il avait conscience de tenir la clef d'un secret qui lui en ouvrirait bien d'autres.

À travers le courant d'air des corridors, il regagna sa cellule pleine de brouillard blanc qui entrait par la fenêtre sans vitres, et s'assit pour décider s'il devait conserver son rôle de Brahmine Bhat ou laisser pousser sa barbe et reprendre son costume d'anglais sans imagination.

Si j'accomplissais la métamorphose juste en ce moment, murmura-t-il, le lama pourrait soupçonner que je sais quelque chose. Mieux vaut attendre un peu.

Mais il n'en était pas bien sûr. Un Brahmine Bhat n'a rien d'ostensible à faire de l'autre côté de la frontière nord, où ses chants et ses plaisanteries sceptiques ne lui procureraient que des ennuis. Il n'avait pris aucune résolution quand un coup fut frappé à sa porte et le lama entra dans une bouffée de vent qui souleva sa robe sur ses fortes jambes bronzées. Le chéla, qui le suivait, referma la porte, déroula une natte à prières et s'installa sans tarder auprès du lama. Ommony, debout, dut lutter pour contenir l'éclair de triomphe dans ses yeux ; puis il s'assit sur le lit pour obéir au geste du lama.

– Il fait froid, dit le lama. Il vous faut une peau de mouton, mon fils. Nous oublions facilement, nous autres montagnards, que des étrangers peuvent souffrir dans des conditions où nous nous trouvons à l'aise. Samding, veillez à ce que Goupta Rao reçoive le nécessaire.

Il ne regarda pas le chéla. Il fixait sur Ommony un regard pénétrant, qui n'avait rien d'hypnotique, mais qui semblait plonger sous la surface des choses.

– Et qu'avez-vous appris, mon fils? demanda-t-il au bout d'un instant.

– Presque rien, dit Ommony. J'ai appris que tout mon pouvoir d'observation ne dépasse guère celui d'un hanneton.

– Mais c'est beaucoup d'avoir appris cela, répondit le lama ; puis, tout de suite : Et vous n'êtes pas encore satisfait?

– Loin de là. Je m'en rapporte à votre promesse de me laisser poursuivre n'importe quelle avenue que puisse m'ouvrir ma méditation.

– Mon fils, je ne suis pas le gardien officiel de permissions de ce genre.

– Vous pouvez entraver mon action ou la faciliter. Quelle alternative choisissez-vous? demanda Ommony, et il lui sembla entrevoir un sourire derrière le visage merveilleusement modelé du chéla.

– Qu'est-ce que vous désirez surtout savoir? demanda le lama.

Ommony, après avoir bien regardé le chéla, ferma les yeux pour réfléchir.

– Je désire me convaincre que j'ai eu raison de me décider à me fier à vous, dit-il enfin.

– Mais vous le savez, répondit le lama. Votre cœur vous dit que vous avez eu raison. Le cœur d'un homme ne lui ment pas. C'est le cerveau qui ment, en imaginant toutes sortes de vaines illusions.

Ommony se replongea dans ses réflexions. Il se sentait soumis à une épreuve dont dépendait non pas sa vie, mais quelque chose de bien plus important, le droit d'aller de l'avant et de découvrir par lui-même toute la solution du mystère. Il devait trouver une réponse qui ne fût pas fausse, qui ne trahît pas le secret qu'il possédait déjà.

– Ma tâche dans la forêt est terminée. Je voudrais trouver un travail qui en valût la peine, dit-il enfin.

– Et croyez-vous que je puisse vous y aider? demanda le lama, le regardant bien en face.

Un moment il paraissait très vieux, un instant après d'âge moyen seulement. On eût dit qu'il planait entre ce monde et un autre, où il saisissait des visions qu'il ne pouvait rapporter avec lui sur la terre. Ommony jeta au vent tous les faux-fuyants.

– Je veux apprendre votre secret.

– Ah! mais seulement pour obéir... non pas à moi, mais à votre propre cœur, si je vous aide à voir ce que n'a jamais vu personne de votre race?

– J'agirai comme bon vous semblera, dit Ommony.

Et le lama approuva de la tête, en regardant vivement Samding, comme pour voir s'il était de son avis. Le chéla souriait de façon énigmatique.

– Il faut aller à Tilgaun, dit le lama, c'est-à-dire là où vous auriez pu aller dès le début. Vous m'avez épargné de la peine en me permettant de vous observer pendant deux mois, mais vous-même vous êtes donné beaucoup de mal inutile, mon fils. Néanmoins la route qui s'ouvre devant nous est plus difficile, et il n'est pas bon de priver un homme de sa pleine mesure d'expérience. Si vous le voulez, vous pouvez me suivre jusqu'à Tilgaun et attendre ce qui en résultera.

Il avait une façon à lui de terminer une discussion aussi brusquement qu'il l'avait commencée ; visiblement son esprit se fermait, comme une tortue rentre dans sa carapace. On comprenait qu'il serait parfaitement inutile d'ajouter le moindre mot sur ce sujet. Le chéla se leva et l'aida à se remettre sur pied, puis roula la natte et sortit après lui presque machinalement, puis se retourna sur le seuil à l'improviste.

Il faisait sombre en cet endroit, car la porte était établie sous une voûte de pierre de six pieds de profondeur, et il n'y avait pas de fenêtre au bout du corridor à courants d'air. Mais Ommony aurait presque pu jurer que le chéla souriait silencieusement ; il avait entrevu des dents blanches et un mouvement de tête qui justifiaient cette interprétation.

– Ceci est le comble ! songea-t-il. Ce chéla, qui est une femme, sait que je ne l'ignore pas, bien que je ne puisse comprendre comment il a deviné ma pensée. Cela veut dire que le lama est au courant, puisqu'ils n'ont pas de secrets l'un pour l'autre. Et le plus étrange est que ni l'un ni l'autre ne semblent s'en préoccuper le moins du monde !

Il ne tomba plus de pluie ce jour-là, mais le brouillard enveloppa Darjeeling d'un suaire humide. Des gouttes grosses comme des poids ruisselaient sur les murs intérieurs, et l'on ne faisait pas de feu. Les moines menaient une vie d'austérité qui les rendait indifférents aux petits malaises, et semblaient immunisés par cette indifférence même. Mais Ommony souffrait du froid.

Un moine lui apporta un manteau en peau de mouton ; il s'en vêtit et se promena à grands pas dans les corridors pour faire circuler le sang dans ses membres. Il demanda d'autres peaux de mouton et fit confectionner par Dawa Tsering un patelot pour Diane ; car les animaux habitués aux plaines meurent de pneumonie à ces hautes altitudes encore plus facilement que les êtres humains. Il se demanda s'il n'irait pas à Darjeeling acheter des vêtements européens. L'impatience lui donnait la fièvre. À midi il se décida à aller demander avis au lama sur son déguisement. Mais comme il quittait sa cellule pour se mettre à sa recherche, un moine lui apporta à dîner et resta là à le regarder manger, un vieux moine jovial qui riait quand on le questionnait et parlait de tout, sauf de ce qu'Ommony désirait savoir, en manœuvrant furieusement son moulin à prières comme pour se préserver de la contagion hérétique.

Quand le moine se fut retiré avec la vaisselle et qu'Ommony voulut repartir à la recherche du lama, Maïtraya le rencontra au milieu du corridor, emmitouflé lui aussi dans une peau de mouton et soufflant devant lui de gros nuages d'haleine.

– Je suis payé, Goupta Rao ! J'ai un chèque sur Benjamin et de l'argent pour le chemin de fer jusqu'à Delhi, assez pour voyager tous en première et nous restaurer libéralement en route. Ah ! si tous les hommes ressemblaient à Tsiang Sandup ! Que les dieux de la générosité le bénissent ! Pas de discussions, Goupta Rao, pas de réduction, pas de délai ! Un sac d'argent, un chèque sur Benjamin, et des remerciements aussi courtois que Vishnou en reçut jamais d'une femme venant d'accoucher d'un fils ! Rentrez-vous dans votre cellule ?

– Je cherche le lama. Où est-il ?

– Il n'est plus ici. Ne le saviez-vous pas ? Ils sont tous partis voilà une heure, lui, les femmes et Samding, sur de petits chevaux thibétains, sans cérémonie. Ils ont filé comme des fantômes dans le brouillard. Venez avec moi, Goupta Rao. Je sais que vous n'êtes pas une brahmine, mais cela ne vous empêche pas d'être un grand acteur. Acceptons la destinée qui nous a réunis pour accomplir une tâche commune. Une riche moisson nous attend. Pourquoi ne pas visiter de nouveau toutes les scènes de nos succès et provoquer la renaissance du drame indien ? Rappelez-vous nos auditoires ! En faisant payer l'entrée une demi-roupie par personne, nous ferions notre fortune !

Ommony chercha un prétexte pour refuser sans se faire un ennemi.

– Qui se chargerait d'écrire les pièces? demanda-t-il.

– La pièce est toute trouvée, et quelle pièce! Je la sais par cœur.

– Mais elle appartient au lama!

– Bah! Il n'a pas pris les droits d'auteur. Il ignore la valeur de l'argent et néglige les précautions les plus élémentaires. C'est l'antithèse de Benjamin; le Juif s'y connaît en matière commerciale. Il nous soutiendrait financièrement. À nous deux nous le persuaderons de nous signer un bon contrat, et je vous donnerai un intérêt d'un tiers dans l'affaire. Celui-là verra bien l'absurdité de laisser dormir une pièce qui peut nous procurer de beaux bénéfices. Benjamin vous convaincra!

Ommony sauta sur cette solution. Il connaissait Benjamin.

– Très bien, dit-il. Faites-lui la proposition. S'il consent, j'y réfléchirai. Mais n'oubliez pas qu'il vous faudra un génie pour jouer le rôle de San-Fun-Ho.

– Un génie! s'écria Maïtraya. Je peux jouer ce rôle beaucoup mieux que le chéla. Il n'était pas mauvais, non certes, je ne veux pas dire cela! Mais je jouerai San-Fun-Ho, et vous ferez le roi. Ensemble nous créerons de l'histoire dramatique!

Ommony eut beaucoup de peine à se débarrasser de Maïtraya. Aucun argument n'avait prise sur lui jusqu'au moment où il entrevit la possibilité d'empocher le prix du voyage d'Ommony en le laissant derrière. Cette perspective permit à ce dernier de l'égarer dans le dédale des corridors et des escaliers.

Puis il se mit à la recherche du père abbé. Il finit par trouver un moine qui ne secouait pas la tête en souriant quand on lui parlait, et qui par un escalier extérieur le conduisit à une austère cellule sous les combles. Assis sur une plate-forme de pierre, l'abbé était plongé dans la méditation. Il ouvrit les yeux et regarda Ommony pendant plusieurs minutes avant qu'un sourire s'épanouît sur son visage mongol et qu'il passât une main osseuse sur toute la longueur de sa barbe rare et grise.

Il parut assez satisfait du résultat de son inspection.

– L'esprit d'agitation est difficile à vaincre, dit-il enfin. Il est parfois sage de lui céder. Il y a de nombreuses vies. On ne peut pas acquérir toute la science en une seule. En quoi puis-je vous aider, mon fils?

– Je vous prie d'excuser mon intrusion. Je voulais vous remercier de m'avoir accordé la nourriture et le logement. Le saint lama Tsiang Sandup vous a-t-il exprimé ses désirs en ce qui me concerne?

L'abbé sourit encore une fois et fit un signe de tête affirmatif.

– Où désirez-vous aller, mon fils? À Tilgaun? Quand?

– Tout de suite.

L'abbé frappa sur un gong pendu au mur à côté de lui. Les vibrations n'étaient pas apaisées qu'un jeune moine, apparu dans le cadre de la porte, avait reçu de rapides instructions données dans une langue qu'Ommony ne comprenait pas.

L'hôte fut dépêché sans délai au milieu d'une activité amicale et joyeuse. Une douzaine de moines s'employèrent, les uns à transporter la malle d'Ommony dans la cour, les autres à faire sortir de vigoureux petits chevaux thibétains, d'autres encore à amarrer les ballots avec une rapidité tranquille de vieux soldats. Il y avait une véritable profusion d'approvisionnements, y compris du grain pour les chevaux; mais quand Ommony parla du paiement ils éclatèrent tous de rire, très amusés à l'idée qu'un de leurs hôtes voulût payer quoi que ce fût.

Il y avait huit chevaux en tout. En moins de trente minutes ils furent prêts à partir et défilèrent par la grande porte, un Thibétain en tête, l'autre à l'arrière-garde.

Les cent vingt kilomètres qui les séparaient de Tilgaun représentaient quatre journées de marche soutenue, car les kilomètres se comptent à vol d'oiseau, tandis que les hommes et les montures doivent grimper et descendre aux flancs de montagnes entassées par les dieux pour arrêter les envahisseurs. Le sentier serpentait entre des cèdres fantastiques et plongeait dans un brouillard cotonneux qui se condensait en rosée sur toute surface tiède; ils accomplirent une descente de six mille pieds dans la vallée de Rungeet avant de traverser un pont qui n'en finissait plus et de recommencer à monter.

Ils firent une ascension de neuf mille pieds et dormirent au-dessus des nuages dans une hutte assaillie par le vent, où les Thibétains préparèrent un souper graillonneux puis entonnèrent des chants plaintifs destinés à pacifier l'esprit des montagnes et que Diane accompagna. Ils passèrent devant plusieurs *chortens* ou monuments bouddhistes en forme de vases, où les pèlerins peuvent laisser des messages pour ceux qui les suivent. Cependant Ommony n'aperçut aucune trace de la troupe du lama et ne reçut point de réponse quand il demanda à quelle distance elle pouvait les précéder ; rien ne prouvait d'ailleurs que le lama eût franchi ce défilé devant eux. À l'aurore, Ommony voulait partir de bonne heure, mais les Thibétains trouvèrent toutes sortes de prétextes et finirent par refuser carrément, sans manifester la moindre insolence ni mauvaise humeur. Ils souriaient comme des statues chinoises, mais ne chargeaient pas les chevaux.

Ommony offrit de l'argent, mais les Thibétains ne firent que montrer leurs dents dans un sourire plus épanoui que jamais. Il n'y avait rien à faire qu'à attendre leur bon plaisir, et ils ne remuèrent qu'une bonne heure après que le soleil eut dépassé les plus hautes cimes et que le vent eut amassé de nouveaux bancs de brouillard dans les ravins. Alors, soudain, comme s'ils venaient de recevoir un message sans fin, ils chargèrent les chevaux et se mirent en route sans perdre de temps ni donner un mot d'explication.

Vers la fin du quatrième jour, après avoir gravi une pente de quinze mille pieds, ils dominèrent un ravin où perchaient des aigles, et aperçurent enfin Tilgaun niché dans une vallée au pied d'un monastère lamaïste juché sur une falaise de trois mille pieds de haut. Les bâtiments de la mission brillaient au déclin du soleil et se revêtaient de chaudes couleurs en harmonie avec le panorama. Leurs gracieux contours ne suggéraient ni orgueil ni défi. Car Marmaduke avait dépensé son argent avec un souci d'art autant que d'altruisme.

CHAPITRE XV

ANNA SANBURN

Un pont étroit, oscillant à une grande hauteur au-dessus d'un cours d'eau bruyant, forma la seule entrée praticable de Tilgaun.

En traversant le pont à la suite de son guide thibétain, Ommony eut conscience que plusieurs personnes le regardaient; elles disparurent quand il fut au milieu du pont. Et lorsqu'il atteignit le pied du monticule dominant la ville, une demi-douzaine de jeunes filles du Bhoutan étaient rangées au bord d'un chemin creux. Elles portaient le costume de la Mission, fait d'une seule pièce de toile de couleur asphodèle tissée sur les métiers de la fondation avec des fleurs dans les cheveux et le rire aux lèvres.

Leurs yeux étaient fixés sur Dawa Tsering et elles se sentaient heureuses d'être en nombre. Dawa Tsering fanfaronnait sur son cheval avec ses pieds à neuf pouces du sol: il appela deux d'entre elles par leurs noms, s'enquit d'une troisième absente, et leur demanda si elles l'avaient oublié.

– Je connais un bon moyen de vous rappeler qui je suis! gasconna-t-il, mettant pied à terre pour jouer le satyre parmi les nymphes.

Ommony le réprimanda vertement. Il protesta :

– Je te dis, Ommony, que les dieux mêmes prennent des libertés avec les femmes et que les démons en font autant ! Il est ridicule de se voir meilleur que les dieux et les diables. Pour quoi donc sont faites les femmes, à ton avis ?

C'est ainsi qu'elles découvrirent l'identité d'Ommony. Sous son costume de brahmine bhat, recouvert d'une peau de mouton, elles ne l'auraient jamais reconnu. Toutes les six l'examinèrent avec attention, puis regardèrent le ciel, comme prétexte, et s'enfuirent, relevant leurs robes jaunes et montrant leurs jambes cuivrées, leurs longs cheveux flottant au vent derrière elles.

– Pourquoi ont-elles peur de toi ? demanda Ommony. Mais il savait à quoi s'en tenir. Les filles se tordaient de rire.

Le ciel s'était obscurci soudainement et, en un instant, après un coup de vent glacial, des nappes de pluie interceptèrent la vue des bâtiments de la mission. Les chevaux tournèrent leurs croupes à l'averse, la queue bien rentrée, et la tête basse.

Vingt minutes après, le ciel s'éclaircit comme il s'était obscurci, et le soleil étincela sur les amas de grêle en train de fondre. Ommony vit les filles trempées quitter l'abri d'un rocher et détaler vers la porte de la mission. Il ne douta pas un instant qu'elles eussent été envoyées à la tête du pont par Anna Sanburn pour guetter son arrivée. Mécontent de se sentir traité comme un ennemi possible, il remonta à cheval et courut avec l'idée qu'il apercevrait le lama fuyant devant lui.

Cependant il ne vit pas la moindre trace de ce personnage. Anna Sanburn vint à sa rencontre et se mit à rire de son costume. Il la devina satisfaite et non ennuyée de le voir. Toute leur vieille amitié s'épanouissait sur son visage d'Américaine. Elle portait un costume tailleur de serge et un manteau de poil de chameau dont le col était relevé jusqu'aux oreilles. Une profusion de cheveux châtains commençant à grisonner se montrait sous un simple chapeau de chasse. Une bienveillance intelligente et sans faiblesse se lisait sur le front presque viril, aux coins de la bouche et dans les grands yeux gris.

– Toute seule? demanda Ommony, mettant pied à terre et lui serrant la main. Il goûta son rire bien portant. Elle regarda d'un air taquin ses joues et son menton qu'elle n'avait encore jamais vus sans barbe.

– Oui, Cottswold. Vous êtes en retard d'un jour. Tsiang Sandup est parti ce matin.

– Pourquoi? demanda-t-il brusquement.

Au lieu de répondre, elle regarda Dawa Tsering bien en face, fit un signe de tête et un sourire en réponse à sa timide grimace et marcha droit vers lui.

– Donnez-moi votre couteau, dit-elle tranquillement.

Et elle le lui enleva avant qu'il eût deviné son intention. Il ne fit aucun effort pour l'en empêcher, assis sur son cheval, l'air niais.

– Je vous le rendrai si vous vous conduisez bien, mais si vous avez le malheur de regarder deux fois une des filles de la Mission, je le donnerai à briser au forgeron. C'est compris?

Elle les mena dans la cour pavée. Un cloître de pierre grise et dorée l'entourait de trois côtés, et au milieu s'épanouissait un massif ovale de fleurs endommagées par la grêle, mais splendides sous les rayons du soleil couchant.

Une chambre de coin était réservée à l'usage exclusif d'Ommony, bien qu'il ne l'occupât guère plus d'une fois tous les trois ans. Celle du coin opposé, toujours prête pour Tsiang Sandup, servait plus fréquemment.

– M. MacGregor a envoyé vos effets par un messager. Vous les trouverez tout déballés... ainsi que de l'eau chaude à profusion. Venez dans ma chambre quand vous serez prêt. J'emmène votre chienne: sa peau de mouton est trempée. Je vais la lui ôter et la sécher complètement.

Ommony s'enferma dans sa chambre pour fumer et réfléchir. Anna Sanburn s'était arrangée pour lui faire sentir que c'était lui qui se trouvait dans un cas nécessitant des explications. Il se demanda comment elle s'y était prise. Elle n'avait rien dit, rien fait que d'ordinaire. Son sourire restait aussi franc et amical que jamais. Elle n'affichait aucun air de mystère, et pourtant le mystère s'avérait plus intense.

– Pour oser l'épouser, il faudrait qu'un homme fût fou ou amateur passionné d'énigmes, murmura-t-il en grattant le fourneau d'une pipe qu'il retrouvait à la place où il l'avait laissée voilà sept ans.

Mais il sentait qu'il l'épouserait avec joie, n'importe quand, si cela pouvait résoudre une difficulté à laquelle elle ne pût échapper par aucun autre moyen.

Il laissa passer une heure avant de se présenter dans l'appartement particulier d'Anna Sanburn, une longue chambre située au-dessus d'un porche conduisant à un cloître intérieur, lambrissé de bois de teck, avec des fenêtres en saillie de chaque côté et un feu flambant à l'une des extrémités. On avait fermé les rideaux cramoisis ; des lampes à abat-jour répandaient partout une lueur tiède. Une table carrée était servie près du feu, et Anna Sanburn faisait griller du pain, passant et repassant avec précaution par-dessus Diane, qui se prélassait sur la carpette. Le portrait du vieux Marmaduke, grandeur nature, à mi-corps, souriait sur le mur, et la lueur du feu animait ses traits rusés et enfantins au point qu'il semblait prêt à prendre la parole.

Ommony se sentait plus embarrassé que jamais pour lui poser la question dans cette atmosphère. Anna s'était changée et avait pris un costume de demi-soirée qui rehaussait son charme légèrement suranné. Il trouvait dur de risquer d'offenser une hôtesse comme celle-là, et l'entrée d'une fille du Bhoutan apportant du lard et des œufs sur un plateau d'argent lui fournit un heureux prétexte pour différer l'explication.

Anna Sanburn paraissait entièrement dépourvue d'embarras ; si elle s'aperçut que quelque chose tracassait Ommony, elle dissimula parfaitement cette impression, causant d'une voix naturelle des événements quotidiens de la mission, racontant les difficultés surmontées, esquissant des projets d'avenir, évitant tout ce qui aurait pu servir d'entrée en matière à des questions personnelles.

– Je ne vois pas quel bien nous faisons, je crois parfois que nous n'en faisons aucun, dit-elle enfin. Nous élevons et éduquons ces filles. Les meilleures, naturellement, restent quelque temps comme maîtresses. Mais toutes se marient tôt ou tard et retournent à leur ancienne vie. Il faudra un siècle au moins avant que cette école commence à produire des effets visibles.

Ommony regardait fixement le feu.

– Dieu merci, nous serons tous morts alors, avec autre chose pour nous tracasser, grogna-t-il, irrité contre la destinée qui l'obligeait à sonder les secrets d'une femme comme il faut. Elle remarqua le ton de sa voix, il lui était difficile de faire autrement.

– Qu'est-ce qui vous tracasse, Cottswold? Je vous croyais l'homme le plus heureux du monde. Avez-vous perdu l'intérêt que vous preniez à votre forêt?

– J'ai donné ma démission du service forestier.

Il la regarda fixement et brisa brutalement la glace, en faisant juste le contraire de ce qu'il avait résolu, en posant brusquement la question, sans tact ni avertissement préliminaire.

– Qui est cette jeune Elsa qui ne se trouve jamais à la Mission quand j'y suis, mais qui est allée à Lhassa, qui parle anglais et thibétain, et qui dessine comme Michel-Ange?

– Pauvre Cottswold! Que vous avez dû vous sentir mal à l'aise, vous si loyal envers vos amis! Non, Elsa n'est pas ma fille. Je n'ai pas passé par cette expérience. Si elle était ma fille, je sais parfaitement que je l'aurais dit depuis longtemps. Je m'imagine que j'en serais fière, même dans de pareilles circonstances.

– Je m'avoue véritablement soulagé, dit Ommony, avec un sourire embarrassé. Non pas, naturellement, que j'eusse…

– Non, je ne crois pas que vous eussiez, interrompit-elle. Vous êtes la dernière personne sur terre à qui je cacherais un secret de ce genre.

– Alors pourquoi cacher aucun secret, Anna? Ne peut-on se confier à moi?

– Pas dans ce cas. Vous êtes le seul à qui l'on ne pouvait rien dire.

Puis, après une pause dramatique:

– Elsa est votre nièce.

– Ma nièce? dit-il en refermant les mâchoires avec bruit.

Ces deux mots résolvaient tout le problème.

– Elle s'appelle Elsa Terry.

Sans parler, il se pencha en avant et la regarda en fronçant les sourcils, avec des yeux éloquents. Il s'immobilisa dans le silence tandis que la fille du Bhoutan venait desservir la table. Pendant deux ou trois minutes même après son départ, on n'entendit que le tic-tac solennel de la grosse pendule sur la cheminée, le craquement d'une pomme de pin dans le feu, et le bruit affaibli d'un chant provenant d'un bâtiment à cinquante mètres de distance.

– Vous avez toujours cru, comme d'ailleurs presque tout le monde, que Jack Terry et votre sœur Elsa avaient disparu voilà vingt ans sans laisser de traces, dit-elle enfin. Il n'en est rien.

– Sont-ils allés dans le pays d'Abor?

– Oui.

– Voulez-vous dire qu'ils sont vivants et que vous l'avez su pendant tant d'années?

– Ils sont morts depuis près de vingt ans. Je l'ai appris presque tout de suite. Vous savez, maintenant, pourquoi ils y sont allés?

– Je n'ai aucun renseignement nouveau. Jack Terry a fait une folie…

– Ce n'est pas mon avis, répondit Anna Sanburn, ses yeux gris fixés sur le feu. Jack Terry était l'homme le moins égoïste dont j'aie entendu parler. Il adorait votre sœur. Elle était une créature spirituelle, une petite femme de l'autre monde, et cette brute de Kananda Pal…

– C'est Jenkins que je blâme, dit Ommony en grinçant des dents. Kananda Pal était né dans une famille de sorciers noirs et n'en savait pas plus long. Jenkins…

– Ne vous en occupez pas maintenant. Jack Terry fit de son mieux. Votre sœur était sujette à des accès. Elle pleurait pendant plusieurs jours de suite et écrivait à M. Jenkins pour lui demander de lui rendre son esprit qu'il lui avait volé. Non, elle n'était pas folle; c'était de l'obsession. Je fis de mon mieux, mais je n'avais pas grande expérience à cette époque et elle était difficile à comprendre. Les phases de la lune semblaient influer sur sa maladie; Terry et moi étions d'accord là-dessus. Vous avez rencontré le Sirdar Sirohé Singh de Tilgaun?

Ommony fit un signe affirmatif.

– Il a toujours été un ami. Il passe pour un mystique. Il sait des choses que les autres ignorent et ne les divulgue presque jamais. C'est lui qui parla à Jack du jade d'Abor. Tous les gens de par ici semblent en avoir entendu parler, continua Miss Sanburn, mais le Sirdar est peut-être le seul qui sache réellement du nouveau à ce sujet. Tout ce que je sais, moi, c'est que j'en ai tenu un fragment entre les mains dans cette maison. Cela me rendait presque folle de regarder dedans, si bien que je l'enfermai dans cette armoire là-bas. Il fut volé par une fille en qui je n'aurais jamais dû avoir confiance, et je suis presque sûre, sans l'être tout à fait, que ce fut le Sirdar qui la soudoya pour me le voler. Elle fut assassinée, au moment où vraisemblablement elle se rendait à la maison du Sirdar, à quelques kilomètres d'ici. Tsiang Sandup était ici hier soir et m'a montré le fragment de jade; il m'a dit qu'il l'avait repris à Delhi.

«Jack Terry m'a déclaré qu'à son avis le jade d'Abor possédait des propriétés thérapeutiques. Vous savez qu'il croyait à la magie qui, d'après lui, était simplement de la science non encore reconnue par les écoles. Les sources minérales pouvant guérir le corps, il ne voyait pas pourquoi il n'existerait pas quelque part une pierre capable de guérir l'esprit dans certaines conditions. Je n'étais pas d'accord avec lui: cela me paraissait absurde, pourtant je suis moins disposée maintenant à soutenir que certaines choses ne peuvent pas exister, simplement parce qu'on nous l'a enseigné. J'ai tenu ce fragment de jade dans mes mains et ma foi, je n'en sais rien, voilà tout.

«Il était inutile de raisonner avec Jack Terry, et votre sœur l'aurait suivi au pôle nord ou partout ailleurs sur un simple signe. Tous deux se mirent en route comme Lancelot et Élaine vers l'inconnu. Vous le savez, le cœur même du val d'Abor n'est pas à plus de cinquante milles d'ici, bien qu'on prétende que jamais personne n'y soit allé ou n'en soit revenu vivant. Jack Terry — il se riait toujours de l'impossible — disait qu'ils ne seraient probablement pas absents plus de trois ou quatre semaines. C'est à peine s'ils emportèrent quelques provisions, juste une tente et le couchage, une demi-douzaine de chevaux, deux serviteurs. Ceux-ci désertèrent dès la troisième nuit du voyage et furent tués par des voleurs du Bhoutan.

– Oui, dit Ommony. C'est tout ce que j'ai jamais pu découvrir, et cela m'a coûté un mois d'investigations.

– J'ai su toute l'histoire, deux ou trois semaines avant que vous ayez obtenu la permission de quitter votre forêt pour venir faire l'enquête, mais il m'était interdit de vous le dire.

– Interdit ! Qui diable…

– Tsiang Sandup descendit de la vallée d'Abor, et ici, dans cette chambre, assis sur cette carpette où la chienne est couchée, me raconta l'histoire. Il passa une heure à me faire jurer le secret d'après une formule de serment qu'il m'était impossible de rompre sans perdre mon propre respect de moi-même. Avant même qu'il eût terminé je découvris qu'il avait eu raison de me lier ainsi, mais j'avoue qu'à certains moments ce soir-là il me sembla que je m'étais laissé entraîner dans une entreprise contre laquelle se révoltaient d'instinct toutes les fibres morales de mon être. Pendant une heure j'ai éprouvé de la haine contre lui. Et, depuis, il y a eu, à plusieurs reprises, des instants où il m'était excessivement difficile de tenir ma promesse. Je l'ai tenue cependant. Et c'est hier seulement qu'il m'a donné la permission de vous dire tout ce que je sais.

– Il aurait pu se confier à moi en premier lieu, dit Ommony.

Mais Anna Sanburn secoua la tête.

– Je le lui ai suggéré avec insistance. Mais il m'a démontré qu'il avait parfaitement raison de ne pas le faire. Cela vous aurait mis dans une situation impossible. Voici ce qui s'était passé : les Terry réussirent à pénétrer dans la vallée d'Abor, au prix de terribles difficultés, et nul ne sait par quel chemin. Ils furent traqués comme des bêtes sauvages, et quand Tsiang Sandup les recueillit, Jack Terry se mourait de ses blessures, autant que de faim et de froid. Il s'était arrangé de façon ou d'autre pour laisser à sa femme une nourriture suffisante, en se privant lui-même.

– Êtes-vous sûre de vos renseignements? demanda Ommony. Cette façon d'agir ne rappelle guère Elsa.

– Il y avait un bébé en route.

– Oh! mon Dieu!

– Tsiang Sandup les prit dans son monastère, situé quelque part dans le val d'Abor. Pour les protéger contre les aborigènes, qui ont juré de ne jamais laisser pénétrer d'étrangers dans leur vallée, il ne trouva rien de mieux que de prophétiser que l'enfant à naître serait la réincarnation d'un ancien saint chinois nommé San-Fun-Ho. Il n'y avait aucun espoir de sauver Jack Terry, qui agonisait lorsque le lama le trouva, mais Tsiang Sandup espérait sauver la mère. Cependant elle mourut en donnant naissance à l'enfant, et Jack Terry la suivit dans la nuit même.

– Ont-ils laissé quelque chose par écrit?

– J'ai des lettres que je vous montrerai tout à l'heure, écrites et signées par tous deux, où ils déclarent que le lama Tsiang Sandup a risqué sa propre vie pour sauver la leur. Jack Terry a écrit qu'il mourait de ses blessures et des intempéries. Le lama me montra ces deux lettres après avoir raconté son histoire, mais je l'aurais cru sans cela. J'ai toujours ajouté foi à la moindre parole de Tsiang Sandup, même lorsque je lui en ai voulu de m'avoir fait jurer le silence.

– Continuez, je me méfiais de lui il n'y a pas bien longtemps, et j'ai changé d'avis depuis.

– Il n'y a pas à douter de Tsiang Sandup, Cottswold. Il a menti aux Abors, mais c'était pour sauver des vies humaines. Ce fut une inspiration de génie, et la seule pratique, de dire à ces sauvages que l'enfant à naître serait la réincarnation d'un saint chinois. Je l'admire pour ce mensonge. Imaginez-vous, si vous le pouvez, le vieux Tsiang Sandup — car même alors il était déjà vieux — élevant et nourrissant ce bébé dans un monastère au milieu de sauvages ! Dans un sens, la mort de Terry et de sa femme semble avoir facilité l'entreprise ; les indigènes les virent enterrer, ce qui satisfaisait leur loi contre l'admission d'étrangers dans leurs pays. Vous savez que tout ce pays du nord croit fermement aux réincarnations des saints. Voyez-vous comment Tsiang Sandup s'est compromis de plus en plus ?

Un long silence se produisit. Ommony tisonnait sans arrêt. Une institutrice indigène entra pour faire signer un rapport, et sortit ; Anna Sanburn continua son histoire.

– Il avait promis à ces sauvages un bébé saint. Maintenant il fallait l'élever en saint, et le fait que c'était une fille rendait la tâche plus difficile. Mais il paraît qu'il existe des êtres à qui Tsiang Sandup peut aller demander conseil. Je ne sais pas qui ils sont, ni où ils sont. Il en parle rarement, et avec beaucoup de prudence. Je crois qu'il a fait allusion à eux deux ou trois fois au plus depuis tout le temps que je le connais, et seulement pour me faire comprendre qu'il n'est pas absolument libre d'agir à sa guise. La conclusion que j'ai pu tirer de ces allusions voilées, c'est qu'il agit sous sa propre responsabilité, mais qu'il perdrait le privilège de conférer avec ces inconnus s'il se laissait guider par des considérations personnelles. Encore n'est-ce là qu'une conjecture. Il ne m'a rien dit de défini.

– Les Maîtres ! dit Ommony en hochant la tête. Je parierais qu'il connaît quelques-uns des Maîtres.

Mais si Anna Sanburn savait qui étaient ces personnages, elle n'en laissa rien paraître. Elle continua sa révélation.

– Il paraît que les Abors lui témoignent une entière confiance dans certaines limites. Ils le tueraient et brûleraient son monastère s'ils le surprenaient en train de pratiquer la moindre fraude ; et ils ont surveillé ce bébé jour et nuit. La femme d'un chef Abor lui servit de nourrice, et l'enfant prospéra. Mais Tsiang Sandup ne tarda pas à se rendre compte que malgré tout le zèle qu'il prodiguerait à l'éducation de la fillette (vous savez que lui-même a été éduqué à Oxford) elle deviendrait une simple métis en grandissant s'il ne pouvait s'assurer l'habile concours de quelqu'un de sa propre race. Il consulta donc ces mystérieux personnages, quels qu'ils soient, et ils furent d'avis que la route s'aplanirait devant lui s'ils me prenaient pour confidente. «Comme je vous l'ai dit, il commença par m'imposer la discrétion. Il ne me demanda pas de serment, mais il me fit, sur la fidélité aux promesses, une conférence aussi radicale que le Sermon sur la montagne, m'éprouvant à chaque pas pour s'assurer que j'étais d'accord avec lui. À maintes reprises, je me suis servie de cette homélie pour édifier les institutrices de notre école.

«Lorsqu'il n'y eut plus pour moi d'évasion possible, tant il m'avait bien ficelée dans mes propres explications de ce que signifie réellement la fidélité à une promesse, il me raconta l'histoire que je viens de vous dire, et me fit une étonnante proposition. J'ai regretté parfois de ne pas l'avoir acceptée.»

Anna Sanburn fit une longue pause en regardant le feu. Ommony, qui l'observait attentivement, se demanda quelle aventure imaginable pourrait lui sembler meilleure que son occupation actuelle. Elle lui apparaissait comme l'objet le plus rare du monde, une femme placée exactement dans son milieu, avec toute la liberté nécessaire pour l'exercice des plus rares talents.

– Il m'offrit, dit-elle enfin, de trouver quelqu'un d'autre pour me remplacer ici, de m'introduire secrètement dans le val d'Abor et de m'enseigner plus de choses que n'en connut jamais Salomon, si je voulais consentir sans réserves à y rester pour l'aider à faire l'éducation de cette fillette.

– Et?...

– Je lui dis que je prendrais l'enfant pendant six mois par an et que je la traiterais comme ma fille. Il l'aurait à lui pendant les six autres mois. Toutes les rides de sa chère vieille figure sourirent à cette proposition. À peine l'avais-je formulée que je le regrettai, mais il me prit au mot.

«La semaine suivante, il m'apporta la petite fille. Elle était ici, dans ce bâtiment, pendant tout le temps que vous parcouriez la montagne pour recueillir des nouvelles de ses parents. La plus grande difficulté que j'aie surmontée de ma vie fut de garder le silence à votre retour, en vous voyant harassé de fatigue et de chagrin. Mais si on vous avait révélé ce secret, vous seriez intervenu : est-ce vrai ou non, Cottswold ?

– Naturellement. Je n'aurais jamais eu l'idée de laisser l'enfant de ma sœur retourner dans le val d'Abor.

– Si Tsiang Sandup ne l'y avait pas ramenée tous les ans pour six mois, les indigènes l'auraient tué. Et souvenez-vous que je m'étais engagée d'avance à ne rien dire à personne, surtout à vous. Le lama ne put me la confier pendant six mois de l'année qu'en permettant aux Abors de la surveiller tout le temps qu'elle resterait ici, et ils la surveillèrent nuit et jour. Tsiang Sandup leur avait donné comme prétexte qu'elle mourrait si elle ne passait de longues périodes en ma compagnie, et que dans ce cas les armées des blancs envahiraient leur vallée. Ils redoutent l'invasion plus que n'importe quel fléau imaginable. D'autre part ils considérèrent l'enfant comme un présent du ciel et le vieux lama comme un gardien légitime.

« Je ne comprends pas très bien la situation là-bas. Les Abors ont une religion à eux et n'acceptent pas les enseignements de Tsiang Sandup, qui n'est pas des leurs, étant thibétain. Mais ils le reconnaissent comme lama, protègent son monastère, et se soumettent à son autorité sur certains points. Peut-être suis-je bornée : il a fait de son mieux pour m'expliquer les choses et Elsa aussi. Entre nous je l'appelle Elsa, du nom de sa mère, naturellement. Tsiang Sandup lui a donné le nom chinois de San-Fun-Ho. Ce terme présume, paraît-il, toutes les vertus humaines possibles.

– Qui l'a appelée *Samding ?* demanda brusquement Ommony.

Anna Sanburn parut surprise.

– Vous savez donc ? Ceci n'est pas nouveau pour vous ? Je me souviens maintenant que Tsiang Sandup m'a dit hier soir : « Ce qu'un homme ignore peut bien lui être caché, mais ce qu'il sait doit lui être expliqué, de peur qu'il ne le confonde avec ce qu'il ne sait pas. »

– Je rapproche les faits les uns des autres, répondit Ommony. À Darjeeling j'étais penché sur la balustrade de la tribune d'un monastère, et le chéla se trouvait droit au-dessous de moi. Un rayon de soleil m'a révélé une poitrine féminine. Qui sont les autres jeunes filles?

– Des compagnes pour elle. Ne me pressez pas : attendez que je vous explique les choses en ordre. Elsa se développa et devint l'enfant la plus merveilleuse que j'aie jamais connue, grâce en partie à l'influence de Tsiang Sandup. Il consacra toute sa vie à son éducation, et il est sage, à un point que je ne saurais vous dire. Mais il faut faire aussi la part de son hérédité. Elle alliait les qualités spirituelles de votre sœur et la joyeuse indifférence de Jack Terry pour les contrastes habituels de la vie humaine ; elle possédait leur courage à tous deux et à tout cela elle ajoutait une note bien personnelle. Je voudrais bien qu'elle fût ma fille, je le voudrais de toute mon âme ! Et pourtant au fond du cœur je suis contente qu'elle ne le soit pas : elle y aurait tant perdu !

«Je me rendais compte dès le début, et Tsiang Sandup ne tarda guère à découvrir qu'elle aurait bien des atouts contre elle si l'on ne pouvait lui procurer comme compagnes des fillettes blanches de son âge. Il me demanda de me procurer des enfants blanches pour lui servir de compagnes. Naturellement, je refusai de me mêler en quoi que ce fût d'une pareille affaire. Nous nous querellâmes, et quand j'eus fini de le gronder, il partit en silence. Je ne le revis pas de plusieurs mois. Jamais il ne m'a dit comment il s'était procuré des fillettes blanches, et je ne puis m'imaginer comment il l'a fait sans provoquer un scandale universel.

– Il s'est procuré les fillettes par l'intermédiaire d'un Juif nommé Benjamin, dit Ommony. Toutes étaient orphelines, et ont ainsi été préservées de Dieu sait quel destin. Continuez.

– Je n'ai vu que rarement ces autres enfants. De temps à autre elles venaient ici par deux ou trois, et je les questionnais, mais toutes semblaient trop heureuses du présent pour se rappeler le passé, et ne possédaient que des notions très vagues sur la façon dont elles étaient arrivées dans le Val d'Abor. D'après le plan arrêté entre nous, je devais faire de mon mieux pour instruire Elsa durant les six mois qu'elle passait avec moi, afin que pendant le reste de l'année elle pût instruire les autres. Tsiang Sandup estimait excellent pour elle d'enseigner, disant que de cette façon elle apprendrait mieux qu'aucune autre ; et, comme d'habitude, il avait absolument raison. Pour aider les autres fillettes il leur fit passer à leur tour ce qu'elles savaient à des enfants thibétaines. Mais il n'obtint pas autant de succès qu'avec Elsa, car les autres n'avaient pas son caractère. Lui ne punit jamais. Vous imaginez-vous quelle patience il faut, et quelle habileté, pour élever des enfants sans jamais infliger, aucune espèce de punition ?

Ommony regarda Diane :

– C'est la seule bonne manière. Je ne punis jamais, dit-il tranquillement. Continuez.

– Ma propre part dans l'éducation d'Elsa a été en réalité très légère, reprit Anna Sanburn. Je devais lui enseigner les conventions occidentales, la façon de se tenir à table et ainsi de suite, et lui expliquer les genres de sujets proscrits dans ce que nous appelons la société civilisée. Je lui ai appris à porter convenablement une robe, j'ai corrigé sa prononciation anglaise et je lui ai donné des leçons de musique. Je ne vois guère autre chose. La vraie éducation s'est faite en sens inverse : c'est moi qui ai appris une foule de choses, rien qu'en l'observant. Elle ne discute jamais. On ne peut jamais lui faire dire plus qu'une partie de ce qu'elle sait. Elle n'a peur de rien ni de personne. Et elle déborde de gaieté autant qu'aucune jeune païenne au monde.

Anna Sanburn se remit à contempler le feu, comme perdue dans des souvenirs pénibles.

– Nous avons eu parfois des visiteurs européens. Certains sont venus sans se faire annoncer, et quelquefois Elsa se trouvait là à leur arrivée. En certains cas j'ai pu la faire passer pour une institutrice, mais parfois elle a été découverte en habits de garçon, ce qui rendait ce subterfuge impossible. D'ailleurs, qu'elle fût vêtue en fille ou en garçon, elle éveillait une curiosité si intense que les questions devenaient pressantes et difficiles à esquiver.

– Dans quel but lui faisait-on prendre des habits de garçon ? demanda Ommony.

– Dans un but d'éducation. Tsiang Sandup insistait pour qu'elle apprît tout ce qu'il pouvait lui enseigner. Elle a été à Lhassa, elle est allée assez loin en Chine, elle est descendue dans l'Inde. Il n'aurait pu l'emmener dans certains de ces endroits sans ce déguisement; un chéla féminin lui eût soulevé toutes sortes de scandales et de difficultés. Et puis encore il dit que toute vie humaine est un drame, et que le seul moyen d'enseigner la vie est de la présenter dramatiquement. Mais qui peut présenter un drame s'il n'est capable d'en jouer tous les rôles? Nous ne pouvons, dit-il, apprendre qu'en enseignant et enseigner qu'en apprenant. Et il a raison, Cottswold, absolument raison.

– Se propose-t-il de lui faire prêcher une croisade ou quelque chose de ce genre dans l'Inde? demanda Ommony en fronçant le sourcil.

– Il se propose de la laisser absolument libre de ses actions, et en possession de toutes les connaissances nécessaires à la liberté. Cette tournée dans l'Inde n'était qu'une partie de son éducation.

– Mais je l'ai vue, sous le nom de Samding, recevoir des hommages de princes et presque des adorations, objecta Ommony.

– Affaire d'éducation. Tsiang Sandup prédit qu'elle sera flattée ou haïe partout où elle ira. Il prétend que la haine la rendra plus forte, et veut être sûr qu'aucune flatterie ne lui fera perdre la tête.

– Et toutes ces autres jeunes filles?

– Elles doivent être libres aussi, en tous temps et lieux. Tsiang Sandup possède une richesse fabuleuse. Il paie tout en or; et je ne sais pas où il le prend. Il a des agents secrets partout dans l'Inde, et peut-être partout dans le monde. Il annonce que lorsqu'Elsa partira, elle et les autres jeunes filles seront pourvues de tout le nécessaire et trouveront des amis.

– Où se propose-t-il de les envoyer? demanda Ommony, secoué d'une vague de révolte.

Malgré son habitude de se maîtriser, tout son esprit Anglais se soulevait contre l'idée que sa nièce fût soumise aux caprices d'un Oriental. L'éducation était une chose, un héritage en était une autre.

Anna Sanburn se mit à rire. Son visage exprimait à la fois la fermeté et l'impuissance.

– Je ne dois pas vous le dire.

– Pourquoi, au nom du ciel? vous m'en avez tant dit, que…

– Si comme moi, vous aviez l'habitude, Cottswold, de vous fier à ce grand vieillard de lama et de toujours découvrir ensuite l'excellence de son avis, vous n'insisteriez pas sur ce point.

– L'enfant de ma sœur… commença-t-il avec irritation, mais elle l'interrompit.

– N'oubliez pas que Tsiang Sandup a arraché la mère aux mains de sauvages. C'est grâce à lui, et à personne autre, si le bébé est venu au monde vivant.

– Oui, mais…

– Tsiang Sandup m'a dit, et je le crois, que votre sœur a mis l'enfant nouveau-né entre ses bras et lui a demandé d'en prendre soin comme s'il était à lui. Elle lui a donné le bébé avec son dernier souffle.

– Que pouvait-elle faire d'autre? demanda Ommony. Pauvre fille, elle était…

– Oui, mais elle l'a fait, dit Anna Sanburn. Pouvez-vous me citer un seul exemple où Tsiang Sandup ait failli à remplir ce mandat jusqu'à la limite de son pouvoir?

Un coup fut frappé à la porte et un vieux gardien édenté, originaire du Sikkim, annonça un visiteur en marmottant de telle façon qu'Ommony ne put saisir le nom. Un instant après, le Sirdar Sirohé Singh entra à grands pas, accueilli par une volée d'aboiements de Diane, qui bientôt le reconnut et se recoucha.

CHAPITRE XVI

AUX PORTES DU VAL D'ABOR

Le Sirdar, sans parler, s'inclina profondément devant Anna Sanburn, puis devant Ommony ; ensuite il traversa la pièce et s'assit sur le plancher les jambes croisées, le dos appuyé au coin de la cheminée à droite d'Anna Sanburn, de telle sorte que sa propre figure se trouvait dans l'ombre mais qu'il pouvait voir celle de l'hôtesse et d'Ommony.

– J'ai à vous parler, dit-il rudement, au bout de deux ou trois minutes de silence.

Et il parut attendre une réponse.

– À quel sujet ?

Les yeux d'ambre du Sirdar rencontrèrent ceux d'Ommony.

– Vous vous souvenez ? La première fois que nous nous sommes rencontrés, je vous ai dit que je me tenais à votre disposition pour vous escorter ailleurs.

– Oui.

– Je suis prêt.

Le Sirdar se leva. Il y avait de la magie dans l'air. Diane tremblait. Anna Sanburn quitta son siège et vint se placer entre le Sirdar et le feu, de façon à obstruer le passage.

– Acceptez-vous la responsabilité ? demanda-t-elle.

Le Sirdar fit oui de la tête.

– Reviendra-t-il ici ?

– Cela, je l'ignore. Il arrivera là-bas.

– Vous l'escorterez sain et sauf jusque chez le lama ?

Le Sirdar fit un nouveau signe affirmatif.

Anna Sanburn se déplaça. Le Sirdar passa devant elle et marcha vers la porte. Ommony fit un mouvement pour le suivre, puis se retourna, s'approcha délibérément d'Anna Sanburn et l'embrassa sans savoir pourquoi, sinon qu'il l'admirait et qu'il ne la reverrait peut-être jamais. Elle sembla comprendre.

– Adieu, dit-elle tranquillement. Si vous atteignez le val d'Abor, vous serez relativement en sécurité… seulement faites ce qu'il vous dira.

Puis, devinant son intention :

– Non, emmenez la chienne. J'aimerais la garder, mais vous pouvez en avoir besoin. Le lama l'a dit. Au revoir !

Dehors, il faisait froid. Ommony sangla Diane dans sa peau de mouton, suspendue, sèche et propre, à une patère dans le vestibule. En bas, dans la cour, le Sirdar se retourna et dit brièvement :

– À votre chambre d'abord.

C'était comme une conduite au poteau d'exécution. Dans un coin sombre, près de la porte d'Ommony, attendait un Thibétain en robe brune, portant un paquet sur le bras. Ommony saisit Diane par le collier pour l'empêcher de lui sauter à la gorge. Le Sirdar et l'homme le suivirent dans sa chambre et attendirent qu'il allumât les bougies.

Puis le Sirdar frotta une allumette et alluma la lampe suspendue.

– Où est Dawa Tsering ? demanda soudain Ommony.

Le Sirdar, dans un sourire, montra des dents admirablement régulières qui évoquaient, sinon exactement de la cruauté, du moins cette sorte de familiarité avec certaines nécessités déplaisantes qu'apprennent les médecins.

– Il viendra avec nous jusqu'à un certain point de la route, dit-il d'un ton mortellement calme.

Ommony se redressa, atteint dans le sentiment de sa responsabilité.

– Il est mon serviteur. Qu'avez-vous l'intention de faire de lui?

– Je ne suis pas son maître.

– Vous avez dit «jusqu'à un certain point de la route». Qu'entendez-vous par là?

– Attendez et vous verrez.

– Non, dit Ommony. Jamais je ne conduirai un homme dans un piège. Que comptez-vous faire?

Le Sirdar parla à voix basse au Thibétain, qui jeta un paquet de hardes sur le lit et quitta la chambre.

– Vous pourriez économiser du temps, suggéra le Sirdar en montrant le ballot.

Ses façons étaient polies, et plutôt mystérieuses qu'autoritaires. Il défit le paquet lui-même et déploya un costume thibétain.

– Et vous? demanda Ommony en commençant à se dévêtir.

– J'y vais tel quel.

Alors arriva Dawa Tsering, non accompagné du Thibétain. Son énorme masse, recouverte du manteau en poil de yak, remplissait presque le cadre de la porte.

– Toi! dit-il, épanoui à la vue d'Ommony. Dis à Miss Sanburn de me rendre mon couteau. Nous allons quelque part où il pourrait arriver quelque chose.

– Où supposes-tu que nous allions? demanda Ommony.

– Au perchoir du vieux lama, je crois bien. Entre toi et moi, Ommony, je suis content de m'en aller n'importe où, pourvu que je ne reste pas ici. Ma femme a envoyé deux de ses maris à Tilgaun pour me prendre et me ramener à elle!

– Ils pratiquent la polyandrie dans ces montagnes, remarqua le Sirdar.

Il éteignit les lumières et les précéda vers la grande porte. Dawa Tsering proférait des plaintes amères au sujet de son couteau.

– Je suis honteux, Ommony, honteux de retourner à Spiti sans mon coupe-boyaux ! Où en trouverai-je un autre pareil ? Fais-le-moi rendre ! Je le paierais son poids en or… si j'avais de l'or.

Cependant, une fois la porte franchie, il était trop pressé de filer pour s'inquiéter d'autre chose. Le blanc de ses yeux fouillait l'ombre en tous sens. Il y avait deux chevaux : il tint celui d'Ommony, le pressant de monter, puis fila derrière le poney en lui frappant la croupe, pour lui faire rattraper celui du Sirdar, qui trottait devant, le Thibétain accroché à sa queue. Diane courait en cercles et aboyait autour de la bande.

– Toi, fais taire ta chienne ! dit Dawa Tsering pantelant. Nous allons traverser le village… Elle éveillera les maris de ma femme ! Fais-la tenir tranquille ou nous sommes perdus !

Ils descendirent au petit galop la rue du village et franchirent un pont de bois sonore sous lequel coulait une eau où se reflétaient les étoiles et qui bruissait sur un lit de sable.

Le sentier s'éleva rapidement lorsqu'ils eurent passé le pont, et les chevaux ralentirent le pas, le Sirdar tenant toujours la tête. Dawa Tsering, à bout de souffle, s'assit sur un rocher, se balançant en avant et en arrière pour soulager un point de côté. Ommony retint sa bête pour l'attendre, regardant pardessus le bord d'une falaise l'obscurité creuse où résonnait le bruit d'une eau courant sur les rochers à deux cents pieds plus bas. Le Sirdar cria à un détour plus haut sur la piste, et des pierres tombèrent sur le sentier, comme si la voix eût déchaîné une avalanche. À leur suite glissa une forme drapée d'étoffe noire qui, avant qu'Ommony eût fait un mouvement, saisit la bride de son cheval. Une figure de jeune femme le regarda en montrant des dents blanches dans un sourire qui s'évanouit aussitôt.

– Dawa Tsering, murmura-t-elle, puis elle se mit à parler si vite qu'Ommony pouvait à peine la comprendre.

Dawa Tsering courait un danger, ce point était assez clair ; et elle-même le voulait, le désirait avec désespoir. Elle avait un bébé attaché par-dessus l'épaule, dans un châle, et venait de déposer un autre ballot à terre.

Ommony le lui indiqua plus bas sur le sentier, et au moment même où il faisait le geste, deux hommes bondirent de l'ombre à l'assaut de Dawa Tsering. Diane s'élança sur eux et ils reculèrent. Ils avaient des armes, mais semblaient craindre de s'en servir. Dawa Tsering remonta vers Ommony en courant, cherchant en vain sa dague absente. Ommony siffla Diane : les deux hommes la suivirent avec précaution, avançant pas à pas à mesure qu'elle reculait en grondant. Du côté opposé, au tournant, le Sirdar descendait au petit galop, lançant une grêle de pierres par-dessus bord. La jeune femme se précipita sur Dawa Tsering, lui noua ses bras au cou et déversa un flot de paroles à moitié intelligibles, s'étouffant de colère, de douleur, de rires, d'ordres, et d'émotions inconnues à celles qui n'ont pas aimé avec persévérance un aventurier de Spiti.

– Plus tôt que je ne m'y attendais grogna le Sirdar en retenant sa monture.

– Qui sont ces hommes-là ? dit Ommony.

– Les maris de ma femme !

Dawa Tsering se dégagea de celle qui le tenait.

– Défends-moi, Ommony ! J'ai été ton ami. Ta chienne n'a plus une puce sur elle. En outre, Miss Sanburn a gardé mon couteau.

– Qui est cette jeune femme ? demanda Ommony.

Le Sirdar se chargea de répondre.

– Elle est à lui, l'enfant aussi. Choisis ! ordonna-t-il en poussant Dawa Tsering pour l'obliger à lui faire face. Tu vas aller avec elle à Spiti, ou, avec eux, à Ladak, retrouver ta femme aux plusieurs maris. Décide !

– Est-ce un garçon ? demanda Dawa Tsering ; sur quoi la femme éclata en phrases animées, et commença à défaire le nœud du paquet qui oscillait sur son dos.

« C'est différent ! dit Dawa Tsering. Du moment que c'est un petit mâle… il faut des hommes à Spiti… Très bien, je prends la femme.

– À Spiti ! commanda le Sirdar. Écoute bien : j'écrirai au rajah de Spiti. Tu y resteras et tu lui obéiras. Si jamais tu repasses les frontières de Spiti sans une autorisation de ton rajah, écrite et spécifiant le motif, tu auras affaire à moi!

– Oh, très bien! dit Dawa Tsering, haussant ses larges épaules. Dois-je partir tout de suite?

– Tout de suite! dit le Sirdar.

– Adieu, Ommony! Tu devras maintenant chercher toi-même les puces de ta chienne. J'ai du chagrin quand je pense que tu vas te trouver sans domestique, mais je suis trop bien né pour demeurer longtemps au service d'aucun homme, et cette femme-ci est une bonne épouse. Je chanterai des chansons sur toi à Spiti quand tu ne seras plus de ce monde. Je crois que tu mourras bientôt. Ouvre l'œil sur ce Sirdar, c'est un rusé personnage!

Il donna un coup de pied dans le ballot que la femme avait posé à terre, pour lui signifier de le ramasser et de le suivre. Un moment après, il avait disparu, grimpant un sentier de chèvre au flanc de la falaise, chantonnant joyeusement du nez chaque fois qu'il s'arrêtait pour permettre à la femme de le rejoindre avec sa charge.

Le Sirdar se retourna vers les maris mécontents et leva la main pour réclamer le silence.

– Retournez trouver cette femme à Ladak *, et dites-lui ceci de ma part, ordonna-t-il. Il se peut que j'aille à Ladak. Quand j'y serai, elle fera bien de se tenir tranquille.

Il faisait nuit noire, et l'obscurité la plus profonde s'étendait en avant, où l'énorme chaîne des Himalayas dressait son mur de silence bordé d'une faible lueur argentée, due au reflet des étoiles sur les neiges éternelles.

Ils descendirent un sentier qui semblait osciller entre ciel et terre; les poneys glissaient la moitié du temps sur leurs croupes ou cherchaient soigneusement leur chemin au bord d'abîmes où leurs cavaliers apercevaient des ombres sans fond que la lumière n'avait pas encore atteintes. Ils descendirent au niveau des aigles, puis dans la zone des arbres, où

* Spiti et Ladak sont des états montagnards séparés par d'énormes massifs, et bien que la distance entre les deux ne soit pas très grande, les coutumes diffèrent autant que leur climat et leur géographie.

l'odeur humide du matin sur la mousse et le sable doré fit ébrouer les poneys au point qu'il fallut les desseller et leur permettre de se rouler à terre.

Au-dessous d'eux, l'air paraissait opale. Des sommets de rochers et d'arbres se montraient au-dessus du brouillard paresseux que le soleil commençait à attirer vers les hauteurs. Bientôt ils descendirent, bondissant de roc en roc, atteignirent une terrasse adossée à une falaise, encore à plus de mille pieds au-dessus du Brahmapoutra, qui tonnait comme si, pour passer dans une gorge hérissée de rochers et d'arbres, il livrait bataille à toutes les forces du monde souterrain.

Ommony se laissa tomber à terre, pantelant, les habits trempés de sueur et la tête en ébullition par suite de ses efforts violents et du changement d'altitude. Chaque muscle de ses jambes tremblait isolément, et son cœur battait comme une machine à vapeur. Diane s'immobilisa à ses pieds. Le Sirdar paraissait calme et à peine essoufflé. Il s'assit sur un rocher voisin avec un air d'attention concentrée.

Bientôt Ommony se releva. Il se retourna pour parler, une main appuyée sur la falaise.

– Par là ! fit le Sirdar en le poussant en avant sans dire un mot.

Il n'y voyait goutte, mais il sentit le vol de chauves-souris, et, d'après le son, jugea qu'il était entré dans une caverne. Le Sirdar chercha à tâtons et trouva une lanterne à pétrole munie de garde-feux. Il l'alluma et prit les devants en la balançant, faisant bondir vers la voûte des ombres gigantesques et d'énormes chiroptères frappés de panique. Il marcha vers le fond de la grotte et s'engagea dans un tunnel bas où l'on ne pouvait marcher que plié en deux. Au bout de cinquante mètres de cet exercice peu confortable, ils débouchèrent dans une immensité noire comme de l'encre et dans un vide tellement silencieux que les tympans leur faisaient mal. L'air était respirable mais oppressant, et la sueur commençait de leur couler par tous les pores.

Diane fut prise de panique et Ommony dut la mener par le collier ; il n'osait plus lui parler. L'écho de leurs pas était suffisamment exaspérant. Lorsqu'ils atteignirent enfin le pied de la descente, ils se trouvèrent, autant qu'on en pouvait juger à la lueur de la lanterne, sur une chaussée qui courait à droite et à gauche, couverte d'une croûte d'un blanc grisâtre par l'accumulation séculaire des excréments de chauves-souris.

Le Sirdar hésita un instant, prit à droite, et partit d'une allure régulière, qu'Ommony eut grand-peine à suivre.

Bientôt ils commencèrent à saisir un grondement fantastique et très lointain, tout d'abord faible comme un battement de pouls, puis croissant peu à peu comme si tous les échos du monde, cachés dans la cave d'une montagne, se pressaient l'un contre l'autre pour y trouver place.

Ils finirent par distinguer vaguement une voûte au-dessus de leurs têtes. Ils entraient dans un tunnel, dont le sol descendait en pente douce.

– Nous sommes sous le Brahmapoutra, dit le Sirdar.

Sa voix paraissait voilée. Le bruit du terrible galop du fleuve au-dessus de leur tête absorbait tous les autres sons.

Il balançait sa lanterne de la main droite avec un air indifférent, comme s'il avait cessé depuis longtemps de s'émerveiller sur le travail titanesque des hommes qui avaient creusé ce tunnel.

Ils débouchèrent dans une caverne où un rayon de soleil brillait par une ouverture placée à une telle hauteur qu'en s'élargissant il formait une nappe de blancheur lactée, tandis qu'une ombre presque solide s'épaississait sous cette galaxie, puis commença une interminable ascension qui constituait un véritable défi à l'endurance physique.

Le Sirdar paraissait infatigable. Pas une fois il n'ouvrit la bouche : on n'entendait que ses pas et le cliquetis de ses éperons. De temps à autre, il s'arrêtait sur un rocher et imprimait à sa lanterne une oscillation plus vaste, comme s'il faisait des signaux à quelqu'un.

Ommony n'était plus en état de compter combien d'heures ils avaient monté ni quelle altitude ils avaient atteint. À un moment, il s'écroula sur une plate-forme lisse et dangereusement inclinée vers l'abîme, ses doigts essayant de se cramponner et ses jambes continuant de grimper. Il sentit le Sirdar ou quelqu'un d'autre le saisir sous les aisselles, et entendit gronder Diane ; puis il eut conscience d'être couché sur le dos avec le ciel étoilé au-dessus de sa tête : on lui humectait les lèvres et une brise fraîche lui caressait le visage. Diane lui fourrait son nez dans les cheveux. Ensuite, pendant plusieurs heures, il perdit toute notion des choses.

CHAPITRE XVII

LE SÉJOUR DU LAMA

Lorsqu'Ommony reprit connaissance, il découvrit bientôt qu'il était étendu sur une civière que des hommes portaient sur leurs têtes.

Alors il se rappela. Chaque enjambée de cet escalier titanesque revint le hanter comme un cauchemar.

Il se disjoignit le cou pour apercevoir le Sirdar, mais ne réussit pas à le découvrir. Il ne pouvait voir ses porteurs, mais huit Abors marchaient derrière, prêts à les relayer : des hommes velus et de mine sauvage, possédant cet air d'indifférence voulue qui cache généralement un extrême fanatisme. La barbe leur couvrait les pommettes presque jusqu'aux yeux, grands comme des yeux de daims. Tous étaient armés, deux d'entre eux d'arcs et de flèches, mais il n'existait aucune uniformité dans leurs armes ni leurs vêtements.

Bientôt le sentier contourna un éperon de rocher et pénétra dans un autre tunnel qui, cinquante mètres plus loin, aboutissait à une caverne naturelle.

Les porteurs y déposèrent la civière, et deux d'entre eux offrirent à Ommony de l'aider à monter un long escalier taillé dans le calcaire. Mais il s'en tira tout seul et entra, suivi de Diane, par une brèche de la paroi, dans ce qui était évidemment le rez-de-chaussée d'un bâtiment.

Il y fut reçu par un moine en robe brune — pas un Abor, un Thibétain — qui sourit sans rien dire et le conduisit, par un escalier tournant entre deux gros murs de maçonnerie, dans une galerie dominant la vallée à une hauteur vertigineuse. C'était la plus élevée de deux galeries qui couraient sur la façade d'un bâtiment adossé à une falaise. Des portes et de petites fenêtres s'y ouvraient tout du long, mais le Thibétain lui fit tourner le coin le plus éloigné ; là, le plancher de bois faisait place à une plate-forme de pierre, et une porte solitaire donnait accès à une chambre de trente pieds sur vingt, dont la fenêtre prenait vue sur les chutes du Tsang-po.

La chambre était confortable sous tous les rapports. Dans la cheminée flambait un bon feu, entre des étagères garnies de livres en diverses langues. Une couchette était dressée contre le mur d'en face. La table et les chaises, très simples, avaient été évidemment fabriquées sur place, par un ouvrier doué du sens de la symétrie. Aux murs pendaient des draperies brodées, dont l'une représentait un magnifique dragon jaune rampant sur fond bleu. Le sol de pierre disparaissait sous un lourd tapis chinois. Les fenêtres sans vitres étaient munies de rideaux de soie, ainsi que d'épais volets contre le vent et la pluie.

Le moine s'en alla et revint bientôt avec une cruche de lait et des gâteaux dont le goût particulier dénotait un mélange de farine ordinaire, de farine de noix et de beurre. Il fit signe à Ommony de se restaurer, et, la collation terminée, emporta la cruche et l'assiette.

Ommony se chauffa les jambes et les frotta pour les déraidir, puis s'assit devant le feu. Sa pensée se reporta au jour où il avait écrit à Elsa, alors âgée de dix-sept ans, de venir dans l'Inde tenir sa maison. Il fronça les sourcils, s'accusant d'avoir été la cause de toutes ses souffrances. Il comprenait si bien son désir d'apprendre des choses introuvables dans les livres, qu'il l'avait tacitement encouragée à faire connaissance de gens dont il aurait dû la tenir à l'écart. Il avait cru bien faire, mais…

Au même instant, il entendit la queue de Diane battre le tapis, comme pour se moquer de lui. Il tourna vivement la tête et vit le lama debout dans le cadre de la porte.

– Ne vous levez pas, mon fils. Je sais à quel point les cuisses vous font mal quand on a grimpé les marches du Temple des Étoiles. Le Sirdar ne connaît pas l'autre entrée de la vallée.

– Où est-il? demanda Ommony, non qu'il s'intéressât particulièrement au Sirdar, mais pour gagner du temps et suivre une idée qui venait de le frapper soudain sur la véritable nature du lama.

– Il est retourné chez lui, dit le lama en s'asseyant sur une chaise devant le feu, et en réprimant un mouvement pour croiser les jambes sous lui. Les Abors l'auraient tué s'il avait dépassé l'ouverture. Ils vous auraient tué aussi sans votre chienne. Vous avez dû vous demander, mon fils, pourquoi je vous avais laissé à Darjeeling. Je possédais sept raisons d'agir ainsi. Derrière chacune de ces raisons il y en a sept autres que vous ne pourriez comprendre. Vous avez causé avec Miss Sanburn?

– Anna Sanburn m'a dit qu'il existe des individus à qui vous allez demander avis. A-t-elle dit la vérité?

– Elle a reçu cette vérité de ma bouche, confirma le lama.

– Ceux-là sont-ils les Maîtres?

– Les Maîtres ne peuvent être découverts que par ceux qui, dans des existences antérieures, ont acquis le droit de les découvrir. Il existe une loi supérieure qui gouverne ces choses-là : c'est la loi de l'évolution. Nous évoluons d'un état à un autre, de vie en vie, et nous naissons dans un milieu qui puisse nous fournir l'occasion convenable. Ce n'est pas par accident, mon fils, que San-Fun-Ho fut amenée à naître dans le Val d'Abor.

– Est-ce là que vivent les Maîtres?

– Non, dit le lama, souriant de nouveau.

– Alors, quel avantage spécial offre le Val d'Abor?

– Mon fils, il n'existe aucun lieu, aucune circonstance qui ne présente des avantages spéciaux. Le Val d'Abor convient mieux à certains que d'autres endroits, mais ce n'est pas moi qui suis chargé de choisir ceux qui y viendront.

– Qui est-ce alors?

– Une loi règle ces choses, comme une loi gouverne les étoiles, comme une autre oblige les uns à naître riches et les autres pauvres.

– En tout cas, c'est vous la cause de ma venue ici, dit Ommony.

– Non, mon fils! Pas plus que je n'ai été la cause de votre venue dans le monde. Si j'étais la cause de votre arrivée, je serais responsable de toutes ses conséquences; et j'ignore ce qu'elles pourront être. Je vous ai promis de venir ici, en écartant de votre route certaines difficultés.

– Pourquoi?

– Parce que je cherchais à écarter d'autres difficultés du sentier de quelqu'un, et qu'il m'a semblé que vous pouviez m'y aider. Souvenez-vous en, ce n'est pas moi qui vous ai fait envoyer votre démission au gouvernement indien; ni qui vous ai nommé mandataire à Tilgaun; ni qui vous ai invité à vous déguiser en Brahmine Bhat. Vous ai-je jamais donné le moindre conseil sur ces points?

– Non, reconnut Ommony. Mais vous avez correspondu avec moi depuis la mort de Marmaduke, et si vos lettres n'étaient pas évocatrices, comment les qualifier?

– Évocatrices! répondit le lama. Vous montrerai-je les copies de toutes les lettres que je vous ai écrites? Je crois que vous n'y trouverez pas un mot qui puisse évoquer chez vous autre chose que votre nature supérieure, pas un mot que vous puissiez déformer en incitation à faire telle ou telle chose. Je ne vous ai rien enseigné. Vous avez essayé de comprendre mes lettres, et c'est en vous-même que vous avez trouvé une force directrice. Je ne suis pas votre guide.

– Eh bien, alors, pourquoi intéressez-vous à moi? répliqua Ommony.

– Mon fils, vous êtes immensément intéressant, dit le lama. Mon attention a été appelée sur vous. J'ai mon travail à faire, et il est presque fini. Dans quel but sommes-nous au monde? Le but gîte toujours devant chacun de nous. Il n'est jamais à plus d'un pas en avant, et qui sait où il mène? Il suffit qu'à chaque moment nous puissions faire ce qui est requis de nous. L'arbre doit pousser, l'eau doit couler; le cordonnier doit faire ses souliers, le musicien de la musique; le conteur doit dire des histoires. Les yeux sont faits pour voir, les oreilles pour entendre. L'ambiance de chaque homme constitue son propre univers; et il en est le maître ou la victime, exactement selon qu'il gouverne ou se laisse gouverner.

Il s'arrêta un instant, puis reprit:

– Il y a une loi de l'évolution. Il y a une loi de cause et d'effet, dont une fraction minime a été découverte. À quoi sert-elle? À fabriquer des gaz toxiques pour s'entre-détruire! Il y a une loi des cycles, comme vous le diront les astronomes, et comme les financiers commencent à le comprendre vaguement. Mais ceux qui croient la connaître se servent du secret pour s'enrichir eux-mêmes, et chaque fortune ainsi acquise l'est aux dépens d'autrui.

«Je savais qu'en temps voulu commenceraient à naître des gens dont le caractère doit influencer le monde, ce que le mien ne peut pas faire. Et j'ai attendu… en observant le jade d'Abor.

«Car le jade, mon fils, a été posé ici à l'aurore des temps par des hommes qui savaient fabriquer un miroir pour l'âme, tout comme aujourd'hui certains construisent des miroirs reflétant les étoiles invisibles à l'œil nu. Vous riez! Cela n'est pas sage! Souvenez-vous qu'on a ri de Galilée. On a ri de Newton. Je n'aurais pas cru que vous vous moqueriez de ce qui est contraire à la vulgaire superstition.

– Mon père, dit Ommony, vous confirmez des rumeurs que j'ai entendues à diverses reprises depuis vingt ans. Je riais au souvenir de gens qui m'ont traité de sot parce que je prenais au sérieux de pareilles folies.

– Cela non plus n'était pas sage! répondit le lama. Il est fou de rire ou de pleurer sur l'ignorance des autres hommes. Le motif caché de ce rire ou de cette tristesse est l'orgueil, qui aveugle les facultés.

Il observa Ommony longtemps et en silence.

– Le jade d'Abor est un miroir de l'âme humaine, dit-il enfin, quiconque y regarde aperçoit d'abord sa nature inférieure ; et rares sont les gens capables d'y regarder assez longtemps pour voir les premières lueurs de leur nature supérieure briller à travers les horreurs que leur révèle le jade. La première fois que j'y regardai, celui qui m'y avait mené dut m'emporter comme un cadavre. Et j'avais été le chéla du Tshi Lama ! Je vous mènerai voir le jade : mais oserez-vous regarder ?

Il s'arrêta, scrutant Ommony de ses vieux yeux brillants avec la déconcertante fixité d'un artiste étudiant le visage qu'il va peindre.

– Il y eut un temps, dit-il, où ceux qui aspiraient à devenir instructeurs étaient amenés devant le jade d'Abor, afin que leur propre caractère leur fût révélé. Ceux qui supportaient l'épreuve (et ils étaient rares) pouvaient enseigner, les autres non. Car c'est le caractère qui doit être enseigné ; tout le reste en dépend. Ce temps-là reviendra, mais pas de sitôt. Aujourd'hui, si les hommes connaissaient le jade d'Abor, ils s'en empareraient. Ils s'en serviraient pour juger leurs gouvernants, comme ils jugent leurs criminels. Ils rejetteraient tous ceux qui ne supporteraient pas l'épreuve, et aucun ne la supporterait. Ensuite des intellectuels s'empareraient du pouvoir et détruiraient la pierre, en alléguant que sa qualité magique n'est que de la superstition ; et ce fragment de la science antique serait perdu.

« Et maintenant (il s'arrêta de nouveau), je lis la tentation dans votre esprit. Vous croyez que, vous ayant facilité l'entrée dans cette vallée, je vous en faciliterai la sortie ; et c'est vrai : vous retournerez sain et sauf dans l'Inde. Mais vous pensez que vous, et certains autres hommes, pourriez vous servir de cette pierre avec discrétion. Vous vous imaginez que revenir au Val d'Albor, l'occuper par violence ou traîtrise, et vous ménager ainsi l'accès de cette pierre serait une bonne chose, et un bienfait pour la race humaine. Non mon fils, ne gaspillez pas vos paroles en dénégations, car j'ai vu votre pensée !

« Pour prévenir les maux qui s'ensuivraient infailliblement si un tel instrument était placé trop tôt entre les mains des hommes, les moyens de cacher cette pierre pendant un million d'années encore, si cela est nécessaire, ont été remis entre les mains de ceux qui en ont la garde.

« Vous avez entendu dire que la rivière Tsang-po contient plus d'eau que le Brahmapoutra, qui est pourtant le même cours d'eau en contrebas ? Une partie du Tsang-po se déverse dans des cavernes qui possèdent une issue sur la mer au-dessous du Bengale. Un seul homme (et ils sont plusieurs à connaître le secret) peut en un instant faire entrer une puissante rivière dans des grottes maintenant à sec ; et alors une armée d'ingénieurs ne réussirait pas à retrouver le jade d'Abor en un million d'années. Mais (il articula ces paroles très lentement) celui qui volontairement aurait rendu cet acte inévitable — après avoir été averti, comme vous l'êtes — en porterait la responsabilité. Vous ne sauriez prévoir les conséquences, mais peut-être un million de vies ne vous permettraient pas de les épuiser ; car tout le mal qui, par votre entremise, arrive à autrui, doit revenir vers vous pour être compensé. Vous ferez bien de ne pas vous leurrer de l'illusion que cette vie est la dernière.

– Comment, où et quand ma sœur et Jack Terry sont-ils morts ? interrompit Ommony.

– Écoutez-moi avec patience, mon fils. J'ai beaucoup de choses à dire, et peu de temps pour les dire. Mon heure approche. La mort m'attend, et je suis presque prêt. J'ai observé le jade d'Abor, ce qui revient à dire que j'ai observé mes propres imperfections et ma propre force, me servant de celle-ci pour combattre celles-là, afin que la lumière pût inonder mon esprit. Et bien des fois, j'ai revu le personnage dont je vous ai parlé, celui qui le premier m'a montré le jade. Et bien des fois j'ai voyagé dans l'Inde et causé avec toutes sortes de gens. Puis l'Américain Marmaduke est venu à Darjeeling, très soucieux de l'avenir du monde et très irrité contre les missionnaires chrétiens. Il m'offrit un crédit illimité si je voulais aller enseigner aux États-Unis. Je refusai, sachant que tel pouvait être le devoir d'un autre, mais non le mien. Alors, comme vous le savez, il fonda la mission bouddhiste à Tilgaun et la dota. Il voulait me désigner comme un de ses mandataires, mais je refusai cela aussi, jusqu'à ce que celui dont je vous ai parlé fût venu me dire qu'il n'était pas bien de décliner le travail que la destinée m'avait donné à faire. Alors j'acceptai, bien qu'il me semblât sur le moment que cette façon d'agir manquait de sagesse.

«Ensuite, Anna Sanburn et vous êtes devenus les autres mandataires. Entre vous et moi s'est établie une correspondance qui vous a révélé à moi comme un homme décidé, de bonne foi, courageux, mais enclin à vous indigner contre ceux dont la vision du bien et du mal est plus courte que la vôtre. Or, dans l'indignation, il n'y a pas beaucoup de sagesse, et c'est pourquoi j'évitai de vous rencontrer.

«Et alors le Docteur Terry et votre sœur vinrent dans cette vallée — deux enfants, la main dans la main, innocents comme des agneaux, braves et simples comme des colibris. Ils venaient à ma recherche parce qu'ils avaient entendu dire que je connaissais le secret du jade d'Abor. La grossesse de votre sœur était très avancée : lui se mourait de ses blessures ; les Abors les traquaient — car les Abors gardent cette vallée comme les cobras gardent les ruines.

– Comment entrèrent-ils dans la vallée ?

– Personne ne le sait, pas même moi, ni les Abors. Ils souffraient : ils ne se souvenaient de rien que de cavernes et en particulier de l'une d'elles — où ils avaient longtemps été entraînés par les eaux. J'entendis parler d'eux parce que les Abors vinrent me demander s'il valait mieux les crucifier vivants que de les couper en morceaux et les jeter dans le Brahmapoutra. Leurs persécuteurs même les trouvaient si inoffensifs qu'ils craignaient de s'attirer la colère des dieux en leur faisant encore du mal. Car ces indigènes sont un peuple simple et superstitieux, dont la destinée actuelle semble être de garder la vallée et ses secrets. Ils déclarèrent aussi qu'un enfant allait naître ; et il est contraire à la loi des Abors de tuer la mère moins d'un mois après sa délivrance. Néanmoins, il est également contraire à leur loi de recevoir des étrangers et de les laisser vivre.

« C'est pourquoi je mentis aux Abors, en inventant une ancienne prophétie d'après laquelle un saint devait naître d'étrangers dans cette vallée. Et je recueillis ces deux innocents. Car, comme me l'avait dit le Tashi Lama dont j'étais le chéla, il y avait en moi une disposition, due à des fautes commises dans une incarnation antérieure, d'après laquelle, bien que pouvant accomplir une destinée utile, je dois périr de mort violente par suite de mensonges inventés par moi-même.

« Le bébé naquit ici, dans cette chambre, et ces deux enfants qu'étaient ses parents moururent, bien que j'eusse fait pour eux tout ce qu'il était possible de faire. Je soulageai leur agonie en leur affirmant l'existence de nombreuses vies à venir, où les moindres pensées et actions seront récompensées, et où se présentera l'occasion d'oblitérer tous les maux du passé. Ils moururent en paix, et j'enterrai leurs corps là-bas. Vous pouvez voir leur tombe sous cette fenêtre ; c'est cette masse de rocher sur laquelle poussent des fleurs rouges.

« Avant de mourir, l'enfant qui était votre sœur remit son bébé entre mes mains. Ce fut son dernier effort. Elle me le donna sans que je le lui eusse demandé. Dans cette lucidité et cette paix qui précèdent la mort, elle me le présenta en souriant et en disant : « Je vois que toutes choses sont comme elles devaient être ; elles ne pouvaient pas être autrement. »

Pendant cinq minutes, le lama demeura silencieux, ses yeux d'azur perdus dans le vague, ses rides immobiles.

– Et alors je compris ma destinée, continua-t-il enfin. Je compris qu'entre mes mains reposait un être plus grand que moi-même, une créature que je pourrais servir, afin qu'elle-même pût servir le monde comme je ne puis le faire, en raison de mes imperfections. Si je faisais mon devoir, cette petite étincelle de vie grandirait en une flamme qui illuminerait le monde et le bénirait.

«Et j'ai servi, mon fils! Je ne regrette rien. Jour par jour pendant plus de vingt ans j'ai éventé cette flamme, je l'ai alimentée. Je ne me suis laissé arrêter par aucune considération; je n'ai omis aucune expérience utile; je ne lui ai ménagé aucun devoir; j'ai tué mon propre orgueil et ma propre faiblesse, de peur de lui dérober le moindre élément de vertu; je ne lui ai infligé aucune punition, car qui suis-je pour oser punir? Je ne lui ai épargné aucun reproche, car comment aurais-je osé laisser cette enfant se décevoir elle-même?

«Je me suis procuré une nourrice, née sans doute dans cette vallée en vue de cette tâche, la femme d'un chef abor, née de parents sains, modeste de cœur et calme d'esprit. J'ai fait passer cette nourrice devant le jade d'Abor avant de lui confier l'enfant.

«Et j'ai reçu des conseils, comme l'avait prédit celui dont je fus le chéla. Je revis le personnage qui était venu me trouver ici et à Lhassa. J'appris de lui qu'Anna Sanburn était digne de confiance, et que si je jugeais à propos de lui en témoigner, il n'en résulterait aucun mal. Elle vous a dit, je crois, mon fils, jusqu'à quel point elle avait servi de mère à l'enfant.

«Ma tâche la plus difficile a été de me procurer des enfants de son âge, avec qui elle pût jouer et être heureuse sans subir la contagion de leur ignorance. Elle est capable maintenant de se tenir toute seule et de consumer les déchets dans la pure flamme de son propre caractère; mais elle n'était alors qu'une petite flamme bien claire, nécessitant des soins; mon fils, je me demande si vous vous rendez compte de combien de soins elle a eu besoin! Les enfants thibétains auraient obscurci sa lumière. Ils auraient pu l'étouffer; car l'inférieur aspire au supérieur. Et bien que le levain fasse fermenter la pâte où on le plonge, il s'y perd. Il n'est pas bon de nettoyer les immondices avec un balai doré, ni de soutirer de la sève à l'arbre qui pousse.

«Mais j'ai des agents de-ci, de-là. Nous, qui poursuivons la Voie moyenne, ne sommes pas dénués de ressources. Il y avait Benjamin, qui est d'une fidélité tenace sur certains points; et il y en avait d'autres, que j'employais. Il est facile de trouver des enfants qui aient besoin d'être arrachés à la rapacité du monde, mais il est très difficile de faire un choix, surtout quand il faut s'en rapporter à des agents ; et il est impossible, mon fils, de trouver une autre enfant comme San-Fun-Ho, qui n'a pas sa pareille au monde. En vérité, les grands êtres ne naissent pas souvent.

« Je me procurai beaucoup de fillettes, espérant que dans le nombre une ou deux pourraient être excellentes, et c'est en effet ce qui arriva. Les autres sont incapables de progresser rapidement dans cette vie, par suite de leur *karma* et des circonstances où elles sont nées. Vous avez vu par vous-même que ces enfants sont devenues des femmes qui ne sont pas dépourvues de noblesse. Elles ont reçu dix mille fois plus qu'elles n'ont donné, et dans les vies à venir elles seront prêtes à faire des progrès. En attendant, certaines d'entre elles font de bonnes institutrices à Tilgaun.

– Combien de lois avez-vous violé en vous procurant ces enfants ? demanda Ommony en riant.

Il se sentait moins disposé à critiquer que curieux de voir comment le lama se défendrait.

– Beaucoup, peut-être. Je ne sais pas, mon fils. Il y a quelque chose qui, par suite des erreurs de mes vies passées, me rend impossible de faire du bien à autrui sans m'infliger du mal à moi-même. Mais mieux vaut faire le bien que craindre le mal. C'est à celui qui viole les lois d'en accepter les conséquences. Je crois n'avoir fait de mal à personne qu'à moi-même ; et bien que je doive affronter dans les vies futures les conséquences même d'une simple infraction à des lois humaines, je ne doute pas que le service que j'aurai rendu ne me fournisse la force nécessaire pour venir à bout de ce *karma*. Nous ne pouvons faire tout le nettoyage de nous-même en une seule vie. Il suffit de faire ce que nous pouvons, et de servir les autres.

« La vie — la vie sincère — est un art, mon fils, et non un artifice ; elle consiste, non pas à accumuler des possessions ou du pouvoir, mais à prodiguer les qualités intérieures. C'est une expression de la nature supérieure, et ce terme inclut tous les autres arts — la musique, la peinture, la littérature, l'éloquence. C'est pourquoi San-Fun-Ho a été encouragée dans tous les arts, et par-dessus tout dans le drame.

«La flatterie ne saurait lui tourner la tête, car je l'ai laissée exposée aux tentations les plus subtiles d'hommes qui ne savaient même pas qu'ils tentaient. Les gens superstitieux adorent ceux dont l'art dépasse le leur, jusqu'au moment où ils méditent le meurtre, ou la calomnie plus cruelle encore, lorsqu'ils sont las de l'émulation. Et l'adoration est la plus vénéneuse de toutes les corruptions pour celui qui en est l'objet. Lorsqu'un indigène, soudoyé par des ambitieux, s'enfuit après avoir volé un fragment du jade d'Abor et quand j'appris qu'on méditait d'attirer les hommes par ce moyen dans toutes sortes de superstitions, je saisis l'occasion. Par des moyens secrets de communication je répandis dans l'Inde le bruit que la véritable prêtresse du jade viendrait le reprendre. Car je n'avais pas le moindre doute à ce sujet, mon fils. Je savais que je pouvais suivre la piste et retrouver le fragment.

– Comment cela? demanda Ommony.

Mais il n'était pas facile de soutirer des explications à Tsiang Sandup sur un secret de ce genre.

– Comment les pigeons trouvent-ils leur chemin; qui dirige les étoiles? On parle de forces, de lois et d'instincts, mais on oublie qu'une intelligence mène tout cela. C'est l'intelligence qui est à étudier; il faut l'appliquer au devoir pour empêcher l'ambition de détruire l'équilibre moral, dont l'instabilité constitue un genre de folie des plus redoutables, et guérissable seulement après de nombreuses vies. Mieux vaut, mon fils, en apprendre trop peu que d'essayer d'en savoir trop long. Poursuivez la Voie moyenne. Un temps viendra où vous comprendrez ce qui maintenant vous paraît obscur.

«Je saisis donc l'occasion et emmenai mon élève, vêtue en garçon, comme vous le savez, pour une tournée dans l'Inde. Et, mon fils, j'ai commis bien des erreurs dans mon temps. Je ne suis qu'un vieillard cherchant, à travers un nuage d'ignorance, à faire mon devoir, sachant en quoi il consiste, mais souvent égaré par mon propre manque de sagesse. Il y a eu des moments, pendant la croissance de mon élève, où j'ai rêvé pour elle de triomphes parmi les multitudes de l'Inde. Dans ces heures d'illusion, il me semblait que si elle s'emparait de l'imagination orientale, ce qui n'est pas difficile, l'Orient surgirait de son ignorance et enseignerait l'Occident ; je ne voyais pas — moi qui mieux que personne aurais dû savoir à quoi m'en tenir — que l'Orient ne ferait que se gonfler d'un sentiment orgueilleux de rectitude, encore pire, si possible, que celui dont se consume l'Occident, et qu'en cherchant à se débarrasser de ses conquérants il plongerait le monde dans une guerre universelle.

« Durant mes mois de solitude, tandis que San-Fun-Ho était à Tilgaun, j'avais l'habitude de voyager dans l'Inde avec le bâton et l'écuelle à aumônes, pour préparer le jour où San-Fun-Ho prêcherait le réveil aux foules. Imprudence, multipliée par le zèle ! Je n'ai soulevé que trop d'espérances ! Le personnage déjà rencontré tant de fois revint me voir et me blâma. Je lui parlai de mes diverses initiatives, m'attendant à des éloges. Il me dit : « Le sang coulera. C'est à vous que les morts réclameront leur récompense. Combien de temps vous faudra-t-il pour les payer tous ? » Je ripostai : « Mais j'ai fait des promesses. Si j'y manque, n'est-ce pas à moi qu'on en réclamera l'accomplissement ? » Il répondit : « Qui vaut le mieux ? Manquer à faire le mal, quitte à dévorer le fruit du désappointement, ou causer de grands malheurs, et devoir consommer ensuite le fruit de cette intervention dans la destinée ? Je vous le prédis, San-Fun-Ho allumera une flamme trop ardente pour l'Inde. En Occident elle ferait du bien ; et l'Est pourrait imiter l'Ouest, tandis que l'Occident n'imitera pas l'Orient avant bien des années, étant trop fier et trop plein d'énergie. »

Sur quoi je lui demandai : « Qui la protégera en Occident ? Voyez ! Je lui ai fait beaucoup d'amis dans l'Inde, afin qu'elle ait une fondation pour commencer quand l'heure sera venue. » Il me répondit : « Un dollar n'a-t-il pas d'amis ? Est-elle donc moins qu'un dollar ? En outre, un homme de sa propre race viendra vous trouver, capable de la servir mieux que vous quand ce sera son tour. Il en saura moins que vous, mais il possédera les qualités dont elle a besoin. Guettez sa venue, et quand vous croirez l'avoir trouvé, soumettez-le à diverses épreuves. »

« Ainsi, comme je vous l'ai dit, j'emmenai mon chéla dans l'Inde, pour reprendre le jade ; et j'utilisai mes fautes pour éprouver San-Fun-Ho, puisque les erreurs même d'un homme peuvent servir, s'il a la volonté de dominer son faux orgueil. Et vous avez vu, mon fils, que mon élève ne perdait pas la tête, bien qu'elle voyageât parmi des manifestations d'influence secrète, alors qu'une telle influence constitue un agent subtil de corruption. Vous avez vu comment des femmes violaient les règles de caste pour approcher d'elle ; comment des hommes de haut rang tremblaient en sa présence ; comment la foule réclamait à grands cris de la voir encore ; comment sa voix apaisait les colères et changeait la violence en calme. Et malgré tout elle restait mon élève patiente et obéissante, n'est-il pas vrai ? Et demain, à l'aurore, vous verrez que toute cette magie du succès n'a pas obscurci son caractère autant que le souffle d'un homme peut ternir un miroir. »

Le lama regarda longtemps Ommony, fermant les yeux à plusieurs reprises puis les ouvrant tout à coup, comme pour surprendre sur son visage quelque expression involontaire et fugitive.

« Et quand vous êtes venu, mon fils, caché dans la boutique de Chutter Chand ; quand j'ai su que le morceau de jade était parvenu entre vos mains ; quand Benjamin m'a envoyé un mot pour me prévenir que vous m'espionniez, alors il m'a semblé qu'en dépit de bien des défauts vous pourriez être l'homme que je devais mettre à l'épreuve. Je vous ai éprouvé de plus de façons que vous ne le soupçonnez, et j'ai perçu toutes vos imperfections, dont un certain orgueil de votre rectitude personnelle n'est pas la moindre. Mais San-Fun-Ho sait comment faire passer cela. Maintenant réfléchissez. Répondez sans considération personnelle et sans crainte, en toute sincérité. Car je vous offre ma place, comme protecteur et serviteur de San-Fun-Ho, pour la garder afin qu'elle puisse servir le monde. Pour moi, le temps de mourir est venu. »

CHAPITRE XVIII

LE JADE D'ABOR

Le lama jeta du bois sur le feu et le regarda brûler comme si cette opération l'intéressait beaucoup plus que la réponse attendue d'Ommony.

– Qui vous fait croire que je puisse accomplir cette tâche? demanda celui-ci, un peu étourdi par la proposition, vaguement et désagréablement conscient qu'on l'invitait à se rendre ridicule devant la moitié du monde, sinon pis.

– Une puce, une souris, une goutte d'eau, un morceau de bois peuvent accomplir leur devoir, dit le lama. Un homme est-il moins que tout cela?

– J'accomplirai le mien, dit Ommony, si je puis le discerner. Mais grand Dieu! Comment pourrais-je prendre votre place, à vous?

Le lama le regarda avec des yeux clignotants.

– Elle et ses amies peuvent très bien aller dans l'Inde sans vous, mon fils. Toutes sont pourvues du nécessaire. Elles ne manqueront jamais d'argent. Il se peut que vous ne soyez pas l'homme qu'il faut pour être l'ami de mon élève, et dans ce cas il vaut mieux pour vous, pour elle et pour le monde, ne pas accepter un fardeau que vous ne pourriez supporter.

«Ne vous illusionnez pas, mon fils. Vous n'en tirerez aucune aise personnelle, vous ne pourrez vous prélasser aux rayons endormeurs de la flatterie. On ne vous laissera pas un lambeau de bonne réputation ; on essayera de vous appauvrir ; on tentera de prouver que vous êtes aliéné ; on cherchera à vous faire emprisonner.

«Et vous rencontrerez par-ci par-là des hommes et des femmes qui accepteront ce que San-Fun-Ho pourra leur enseigner. Certains seront des traîtres qui s'efforceront d'apprendre dans le but de se poser en instructeurs pour amasser de l'argent et de la réputation : ceux-là seront vos ennemis les plus dangereux. Mais quelques-uns seront honnêtes et constants, et ils encourageront les autres ; car l'Occident avance dans un cycle d'évolution, et, en outre, il commence à se lasser de ses croyances, de sa politique et de ses rivalités. Il se dispose enfin à mettre les bœufs devant la charrue. La moisson viendra à son heure, nul ne sait dans combien de générations. C'est maintenant le temps de semer des germes de pensée d'où dépend la destinée de tout un monde. J'ai semé ma poignée de grain, et ne puis en semer davantage.

– Sur quoi basez-vous cette certitude de votre mort prochaine?

– Les Abors, mon fils, s'en chargeront, car j'ai violé leurs lois. Je leur ai fait des promesses que je n'ai pas l'intention de tenir. En les faisant, je savais que je ne les tiendrais pas. Il y avait en moi quelque chose qui m'empêchait de voir aucune autre manière de me tirer de la difficulté, et bien que j'aie fait mon devoir, cela ne me préserve pas des effets de ma maladresse. Les Abors ont leurs droits, ceci est leur pays, ils protègent le monastère et ses secrets ; ils m'ont protégé. De mon plein gré, je me suis prévalu de leur protection et de leur loi contre l'admission d'étrangers.

«Si j'avais été plus sage et moins aveuglé par ma nature inférieure, j'aurais pu trouver un meilleur moyen de sauver mon élève qu'en trompant les Abors. Quand je reviendrai sur la terre, je suis convaincu que je serai plus clairvoyant et du moins je n'aurai plus de dette envers les Abors, car je vais la payer maintenant.

– Pourquoi ne pas vous en remettre de tout cela à la destinée ?

– Mon fils, personne autre que moi ne peut juger entre quelles mains je puis m'en remettre. Mais la destinée juge la répugnance d'un homme à payer ses dettes, aussi sûrement qu'elle juge ses erreurs, aussi sûrement qu'elle récompense ses motifs cachés et son honnêteté. Aucune pensée n'est cachée à la loi supérieure, et nul individu n'échappe aux renaissances successives, jusqu'à ce qu'il ait appris la sagesse, par l'expérience. Les Abors apprendront la sagesse, certains plus vite que d'autres, mais ils ne l'apprendraient pas si on les privait de l'occasion d'exercer leur propre jugement. S'ils choisissent de me tuer, ils souffriront inévitablement ; mais j'aime mieux qu'ils me tuent que s'ils avaient tué cette enfant, et cela pour plus d'une raison. Ils ne peuvent pas faire grand mal en me tuant, car je n'en éprouverai aucun ressentiment. Mais s'ils l'avaient tuée, ils auraient volé le monde.

« Les Abors vous ont laissé entrer parce que je leur ai dit que votre chienne parlait et que je leur ai engagé ma vie en otage, en leur permettant de me tuer si jamais vous vous échappiez vivant de cette vallée. Je l'ai fait, sachant qu'ils me tueront de toute façon quand ils apprendront que San-Fun-Ho et ses compagnons ont quitté le pays pour toujours. Vous le voyez, mon fils, il est absolument nécessaire que je meure, afin de consumer le plus tôt possible les conséquences d'un mensonge. Quant aux Abors, ils sont très ignorants, très fidèles à leur vallée et à leurs lois, très généreux envers ce monastère. Mieux vaut qu'ils me tuent, que d'enfreindre leur foi et de faillir à leur mandat. Je ferai tout mon possible pour réduire au minimum les conséquences de leur meurtre. »

Un moine revint apporter des aliments. Le soleil était descendu derrière les montagnes, et la chambre s'emplissait d'une tristesse qui affectait les nerfs d'Ommony, car elle semblait présager une tragédie ; mais l'esprit du lama paraissait libre de toute inquiétude. Dès que le moine fut parti, Ommony demanda :

– Elsa... je veux dire San-Fun-Ho, est-elle au courant de vos projets ?

– Suffisamment, mon fils. Elle comprend qu'elle a une destinée à remplir, et qu'elle doit vous emmener dans l'Inde.

Le lama se leva comme pour mettre fin à la conversation, mais Ommony lui lança une autre question :

– Sait-elle que vous vous attendez à être tué ?

Le lama ne répondit pas. Toute expression disparut de sa face ridée.

– Où est-elle maintenant ? Demanda Ommony.

– Venez !

Le lama le précéda, dans l'obscurité grandissante, tout le long de la galerie de bois surplombant le ravin, puis pénétra dans le monastère, véritable labyrinthe de cavernes et de bâtiments reliés par des couloirs taillés en plein roc. Certaines parties paraissaient vieilles comme le temps, d'autres moyenâgeuses, d'autres presque modernes. Il y régnait un air d'opulence entretenue avec économie, une beauté moins appliquée qu'inhérente aux proportions, une pureté de dessin intentionnelle et d'une simplicité exquise.

Sur les murs plâtrés du corridor étaient suspendus de distance en distance des tableaux apparemment dessinés par la même main. Le lama s'arrêta un instant devant l'un d'entre eux, un pastel sur papier, une étude d'aigle prenant son vol et s'équilibrant pour saisir la poussée ascendante d'un vent variable. Ce chef-d'œuvre aurait pu être fait par un Chinois voilà un millier d'années, tant il contenait de vie, de vérité et de mouvement, et, par-dessus tout, de beauté superbe.

– C'est de mon chéla, dit-il en souriant.

Il ouvrit une porte, regarda à l'intérieur et fit signe à Ommony d'entrer.

– La salle d'école ! dit-il en riant de nouveau, comme s'il se rappelait toute une série d'incidents.

C'était bien la salle d'études la plus invraisemblable qu'on pût imaginer. Elle était vide, mais éclairée par des lampes à pétrole comme si elle attendait des visiteurs. À une de ses extrémités, dans sa plus grande longueur, se dressait une scène, avec rideau, rampe, coulisses et décors. Sur le plancher de la salle étaient disposés des sièges confortables et des petites tables carrées et solides pour vingt ou trente personnes; et, au bout opposé à la scène, une tribune pouvait en contenir vingt ou trente autres. Dans la salle régnaient une propreté et un ordre méticuleux.

– Ici ont été représentées des pièces qui auraient fait vibrer Shakespeare jusqu'à la moelle des os. La plupart étaient écrites par San-Fun-Ho.

– Qui composait l'auditoire? demanda Ommony.

– Des moines, des Abors. Plus ils étaient bêtes, mieux cela valait. Les acteurs doivent s'efforcer de jouer avec assez de simplicité et de sincérité pour être compris même par des moines et des sauvages. Certaines pièces représentées sur ce théâtre auraient corrigé, je crois, même des missionnaires chrétiens de leur sentiment erroné de rectitude personnelle.

Il ramena son compagnon dans le corridor et commença à se presser, marchant de son pas régulier et allongé de montagnard. Il venait encore une fois de se débarrasser d'une cinquantaine d'années, dans un de ces retours de jeunesse qui semblaient l'emporter à intervalles. Ommony, avec Diane sur ses talons, avait peine à le suivre.

Cependant il s'arrêtait de temps à autre. Il ouvrait des portes ici et là dans des corridors sonores, laissant entrevoir à Ommony des appartements dont chacun rappelait quelque souvenir du chéla bien aimé. Il lui montra une chambre à coucher, aussi simplement et presque aussi sévèrement meublée qu'une cellule de moine, sauf que le moindre article, comme matériel et façon, y était aussi parfait que possible; les proportions, les couleurs, et autre chose d'indéfinissable produisaient une atmosphère de paix absolue. Chaque chose était à sa place; et nul objet inutile n'encombrait la pièce. Les murs étaient d'un jaune pâle d'asphodèle; le tapis chinois était bleu, le dessus-de-lit était vieux rose. Il y avait des fleurs dans un vase du temps des Ming sur une petite table carrée, sans aucun autre ornement.

– Ces murs ne l'oublieront pas, dit le lama.

Il était en proie à une souffrance intérieure que sa voix trahissait.

Il prit un autre corridor et ouvrit les portes des chambres où avaient dormi les compagnes de son chéla, sans faire aucune remarque. Ces chambres, plus ornées que celle de San-Fun-Ho, en différaient d'une façon vague et indéfinissable ; elles paraissaient moins belles ; il y avait plus de meubles et moins de caractère, mais il y régnait un ordre et une propreté incroyables.

Le monastère, ruche percée au sein d'une montagne de calcaire, était immense, et pouvait au besoin recevoir un millier d'hôtes. La ventilation était parfaite et on n'y décelait aucune trace d'humidité, bien qu'on ne pût savoir par quels moyens ces résultats étaient obtenus. Les habitants ne donnaient pas signe de vie, et l'on n'entendait aucun bruit, à part le frottement des souliers d'Ommony et le ferme choc des pieds nus du lama sur le sol.

Ils descendirent bientôt un long escalier taillé dans le roc, et par une porte d'un pied d'épaisseur et sculptée de dragons des deux côtés, ils émergèrent en plein air, où les accueillit le rugissement d'eaux se précipitant dans des cavernes. Ils se trouvaient maintenant de ce côté du monastère qu'Ommony avait vu en premier lieu, et l'amphithéâtre de terrasses s'étendait à leurs pieds ; mais il faisait trop sombre pour que leur regard pût en pénétrer les profondeurs ; des étoiles clignotaient pardessus un rebord de montagnes.

– Nous aurons la pleine lune, dit le lama, à propos de rien, apparemment.

Il descendit dans le sombre amphithéâtre par les sentiers et les marches qui reliaient les terrasses circulaires, et tourna, à mi-chemin, dans un tunnel dont l'ouverture faisait tache d'encre sur la pénombre des rochers et des arbres.

À une dizaine de mètres dans ce souterrain, Ommony l'entendit fouiller dans une serrure ; une porte s'ouvrit presque sans bruit. Le lama lui prit la main et lui fit faire un pas en avant, puis repoussa la porte sans la fermer à clef. Ensuite, dans une obscurité si profonde qu'elle semblait absorber tous les sens et que Diane se mit à gémir, le lama, sans arrêt, conduisit Ommony par la main comme un enfant. La poigne du vieillard était ferme comme celle d'un homme d'armes ; sa jeunesse semblait renaître et l'enflammer en ce moment ; et l'étrange frémissement qui le consumait se communiquait à Ommony.

Au bout d'une distance impossible à mesurer dans ces ténèbres où s'anéantissaient les sensations de temps et d'espace, ils émergèrent dans la pénombre sous un ovale de ciel étoilé ; ils se trouvaient sur une sorte de rebord, à une profondeur incalculable dans l'intérieur d'un énorme trou de calcaire formant un cirque irrégulier. Le lama s'installa sur une natte que quelqu'un avait disposée là pour lui, et fit signe à Ommony de s'asseoir près de lui.

– Empêchez la chienne de courir à droite et à gauche. Ordonnez-lui de se coucher là, dit-il d'une voix ordinaire.

On n'entendait pas d'écho, mais on éprouvait le sentiment indéfinissable qu'il devrait y en avoir un.

À mesure que les yeux d'Ommony s'habituaient aux ténèbres, il se rendit compte qu'ils se trouvaient très près du fond de l'abîme, dont les parois presque perpendiculaires s'élevaient à une telle hauteur que les étoiles apparaissaient comme des points lumineux dans le dôme bleu sombre posé sur le sommet. Un tel silence régnait que sa propre respiration parut à Ommony abominablement bruyante.

Devant l'endroit où ils étaient assis, le terrain faisait brusquement défaut, mais le fond ne semblait pas être à plus de cinquante pieds en contrebas, et vers le milieu de l'espace circulaire où plongeait son regard se dressait un objet volumineux, de forme indistincte, évidemment élevé sur une plateforme de rocher de façon à arriver presque au niveau du rebord où ils se trouvaient eux-mêmes. Diane restait tranquille, mais flairait l'ambiance, une oreille pointée ; il y avait des êtres humains à peu de distance.

Bientôt un bruit se produisit au fond, un pas, apparemment, qui fit gronder Diane. Une lanterne apparut, mais on ne pouvait dire si l'individu qui la portait était un homme ou une femme. On entendit plusieurs autres pas, puis un mot prononcé d'une voix claire, facile à reconnaître pour celle du chéla. Un prodigieux mouvement de fantômes s'esquissa dans le vague. Quelque chose comme un grand drap noir fut tiré par de nombreuses mains, et l'objet dressé au centre changea de forme. La lumière de la lanterne s'y refléta en un point de vert-de-mer qui s'étendit comme un clair de lune sur l'eau, mais beaucoup plus ardent et animé de mouvements fantastiques. La lanterne s'éteignit soudainement, mais l'étrange lueur verte avait produit sur Ommony une telle impression que, les yeux fermés; il continuait à la voir se développer.

– Qu'est-ce que cela? demanda-t-il.

– Le jade d'Abor.

La voix du lama était solennelle. Il semblait presque choqué de la question. Néanmoins il continua à voix basse:

– Le morceau brisé et volé par un Abor a été remis en place, mais aujourd'hui personne ne sait comment raccommoder la fracture. Il restera un défaut. Ainsi un sot ignorant peut gâter le résultat du travail d'un millier de sages. Cependant cet Abor n'était ni meilleur ni pire que ceux qui ruinent la réputation d'autrui pour jouir un instant du sentiment de rectitude personnelle. Certains, plus instruits pourtant, essayeront, le moment venu, de briser l'esprit de mon chéla, les premiers pour s'amuser, les deuxièmes par intérêt, d'autres par haine de la vérité. Mais elle est faite d'une substance plus solide que la pierre.

Son empire sur lui-même était moins parfait qu'antérieurement. Il avait prononcé ces derniers mots d'une voix qui cherchait à refouler une tristesse accablante.

Le sombre silence, les milliers d'ombres informes accrochées aux rugueuses parois du cratère dominé par l'ovale de ciel piqué d'étoiles, tout se combinait pour inspirer la crainte: mais la crainte de quoi? Ommony sentit trembler Diane.

Après une longue pause le lama reprit la parole, impassible comme un battement d'horloge dans la nuit, affirmant des faits mesurés, élémentaires.

– Souvenez-vous. Souvenez-vous du moindre mot, mon fils. Je parle avec la mort tout près de moi. À l'aurore les Abors se rendront à l'extrémité septentrionale de la vallée, près des chutes du Tsang-po, pour attendre mon arrivée. Je les rejoindrai à midi. De peur qu'ils ne se nuisent à eux-mêmes en tuant d'autres personnes que moi, l'unique responsable, j'ai envoyé au Thibet presque tout le personnel de mon monastère. À midi j'essayerai d'obtenir des Abors un arrangement d'après lequel, s'ils me tuent pour avoir violé leurs lois, ils permettront aux autres moines de revenir au couvent, et un nouveau lama sera envoyé pour l'administrer. Mais j'ignore ce qui en résultera. Il se peut que le jade doive être caché sous les eaux du Tsang-Po. Il y a un temps pour toute chose. Ce n'est pas à moi de juger si le temps est venu de prendre cette détermination, c'est l'affaire de quelqu'un d'autre.

Il fouilla des yeux les ténèbres devant lui. Quand sa voix s'éleva de nouveau, au bout de cinq minutes, elle produisit l'étrange impression qu'il avait quitté son corps et lui parlait en même temps qu'à Ommony.

– Rappelez-vous chaque mot. Les quelques compagnons restés avec moi sont des hommes choisis qui connaissent les routes secrètes. Ils vous ramèneront dans l'Inde, à Tilgaun, vous, San-Fun-Ho et les autres Européens; ils conduiront les élèves thibétains dans leur pays par la route qui passe à Sikkim, car c'est au Thibet qu'elles pourront le mieux accomplir leur destinée.

De nouveau régna un silence impressionnant, interrompu par le hurlement prolongé de quelque animal sauvage venant de la montagne, à un demi-mille au-dessus d'eux, solitaire et désolé comme la lamentation d'une âme en peine.

– Je ne suis pas le tuteur d'Anna Sanburn. Comme vous et moi, mon fils, elle gouverne sa propre destinée. Mais elle est bonne. Il n'y aurait aucun mal à ce qu'elle quittât Tilgaun, car elle y a accompli son œuvre, et c'est le tour de quelqu'un d'autre. Quelqu'un d'autre aussi me remplacera comme mandataire. Il se présentera de lui-même: Je l'ai désigné par écrit. Quelqu'un prendra la place d'Anna Sanburn: peut-être la personne chez qui vous étiez à Delhi, mais c'est l'affaire d'Anna Sanburn. Quelqu'un prendra votre place, c'est votre affaire à vous. Nul n'est indispensable. Celui qui se cramponne à l'accomplissement d'un devoir quand sa tâche est faite et qu'un autre attend pour en poursuivre l'évolution, est comme un champignon poussant sur un arbre vivant. Il pourrit, et l'arbre pourrit sous lui.

Une lueur argentée, descendant lentement sur le versant occidental de l'abîme, mit en relief les énormes aspérités des roches calcaires. Mais cela se passait bien au-dessus d'eux : l'endroit où ils étaient assis paraissait plus sombre que jamais.

– Je ne dis pas qu'Anna Sanburn doit aller avec vous en Occident. Cela peut être ou ne pas être. Je dis qu'il ne faut pas vous attarder à Tilgaun, car les temps sont révolus. Trois des chélas secondaires accompagneront San-Fun-Ho dans l'Ouest ; qu'elle les choisisse elle-même. Les autres resteront à Tilgaun, où elles trouveront une besogne appropriée à leur caractère.

On entendit hurler de nouveau la bête solitaire.

Ommony regardait les rayonnements avant-coureurs du clair de lune chasser les ombres au flanc du gouffre. Il était perplexe. Après un quart de siècle passé dans l'Inde, Anna Sanburn et lui se trouveraient presque aussi dépaysés en Occident que San-Fun-Ho elle-même.

– On peut toujours s'adapter aux circonstances, et tout s'arrange avec le temps, dit le lama, comme s'il lisait la pensée d'Ommony. Mais il faut une grande foi et une sincérité qui, comme la trempe de l'acier change la foi en une armure impénétrable. Anna Sanburn est douée de noblesse. Peut-être pourra-t-elle vous aider à servir San-Fun-Ho. Mais prenez garde, mon fils, au piège de la personnalité. Si tous deux cherchez à vous servir mutuellement, vous serez comme les deux côtés d'un triangle sans base, ni utilité. Tandis que si tous deux vous servez San-Fun-Ho, le triangle sera parfait.

Il tourna lentement la tête et regarda Ommony dans les yeux. Les siens brillaient dans la pénombre comme des diamants bleus.

– Sans vous ou avec vous, dit-il, San-Fun-Ho en trouvera d'autres. Elle est mon chéla, et je connais le pouvoir qui réside en elle. Mais gardez-vous de la fausseté ! Mieux vaudrait pour vous n'être jamais né, mieux vaudrait mourir mille fois que de la trahir par intérêt personnel ! Laissez-la seule, mon fils, à moins que vous puissiez la suivre jusqu'au bout ! Je connais mon élève. Elle vous amènera au plus haut du ciel, comme un aigle, et tous les ennemis de la lumière tendront en vain leurs filets contre elle.

Comme il cessait de parler, une lumière argentée s'épancha sur tout le versant occidental de l'abîme, tandis que le bord de la lune apparaissait au-dessus de la crête orientale. Des pointes de rochers pâles et maigres se dressèrent vers la lumière comme des fantômes gelés. Le gouffre se révéla dans sa terrible nudité, avec ses contours estompés dans l'ombre, mystérieux, silencieux et incommensurable comme l'émotion que faisait naître sa vue.

Soudain, au moment où apparaissait le disque de la lune, une fulguration verte brilla au milieu du puits, une clarté qui tourbillonnait comme en eau courante, augmentait de volume, et se multipliait dans la substance qu'elle avait touchée. Cela devint une flaque, un globe, une sphère, une masse ovoïde de splendeur verte et fluide, toute mouvante, transparente, énorme, flottant, semblait-il, à la surface d'un précipité de silence et de nuit à deux ou trois cents pieds de distance. Lentement, très lentement, on put voir que cet œuf lumineux reposait sur sept pierres de même couleur, posées de champ sur une plate-forme de roche noire dressée exactement au centre du puits.

Quand la lune en dérive fut pleinement visible, l'énorme masse de jade s'éclaira de telle façon qu'elle semblait en absorber tout le rayonnement. Et soudain une forme se dressa devant le miroir livide, une forme féminine. Elle se drapait dans un vêtement blanc, mais l'étoffe se teintait de vert aux reflets de jade, et en regardant dans l'énorme miroir, elle tendait devant le bas de son visage un pan de l'ample draperie, comme un bouclier, le coude en avant. Elle regarda pendant une minute environ, puis disparut. Une autre jeune fille prit sa place.

– Il n'y a que San-Fun-Ho qui puisse regarder longtemps dans l'œuf de jade, dit solennellement le lama. Elles y voient toutes l'horreur de leur nature inférieure. Elles regardent au clair de lune et sont obligées de se voiler, car elles ont beaucoup de défauts à vaincre. Nulle autre que mon élève n'ose l'affronter en plein soleil.

Une par une les dix-sept jeunes filles défilèrent devant la pierre, y jetèrent un regard profond et s'évanouirent dans l'obscurité.

– Elles ne sont pas méchantes, dit le lama. On ne trouve pas beaucoup de femmes meilleures, mon fils. Oserez-vous regarder?

Mais Ommony se tint coi.

– Cela vaut mieux, dit le lama. Il n'y a pas de sagesse dans la curiosité. Quand on ne peut regarder assez longtemps pour entrevoir sa nature supérieure brillant à travers l'inférieure, il est préférable de ne rien voir.

Alors un chœur de voix de femmes s'éleva de l'obscurité insondable amassée à la base de l'œuf. Le chant commença par des notes basses et presque mélancoliques, puis la mesure s'accéléra, les voix montèrent en hymne de gloire et se rythmèrent en marche triomphale. Il n'y avait pas d'accompagnement, pas de battements de tambour, mais les phrases finales palpitaient de puissance, et se terminaient par un accord qui laissait planer l'imagination dans une région de splendeur souveraine. Puis, en silence, les femmes émergèrent de la nuit comme des projections de lanterne magique; ni leurs pas ni leurs souffles ne franchissaient la distance. Avec une retenue qui témoignait une force disciplinée et une science consommée du rythme, elles entrelacèrent sept fois la trame de leur danse autour de l'œuf de jade, plaisantes à l'œil comme des figures grecques, camées taillés sur fond d'émeraude et appelés à la vie par une magie toute spirituelle. Elles ne faisaient aucun mouvement superflu, aucun pas qui ne symbolisât l'évolution ordonnée et infiniment belle d'un univers. Et quand elles passaient derrière le jade flamboyant, leurs formes semblaient nager dans la pierre, comme des nymphes flottant entre deux eaux au clair de lune. Cependant San-Fun-Ho n'avait pas encore donné signe de vie.

– Elles se souviendront de cette nuit, dit le lama.

L'illumination intérieure du jade s'atténua et mourut lorsque le bord de la lune disparut derrière les rochers. Les formes féminines se fondirent dans une ombre impénétrable.

– Ainsi, mon fils, vous avez vu le jade d'Abor. Peu de gens peuvent en dire autant, et peu de gens vous croiront si vous le dites. Mais il n'y a pas de mal à cela, car la plupart de ceux qui vous croiraient seraient simplement des gens crédules, de ceux qui se tiennent à l'affût des miracles, et cherchent à se rendre supérieurs par des chemins de traverse. Or il n'existe ni raccourci ni supériorité de ce genre : il n'y a qu'un accroissement graduel de responsabilité, et on l'obtient par une sévère maîtrise de soi-même.

Soudain une voix monta des profondeurs de l'abîme, une voix claire et confiante, celle du chéla :

– Ô Tsiang Sandup !

Le lama répondit par un monosyllabe, se raidissant d'émotion. Sa forme vague rappelait celle d'un aigle dérangé de son aire pendant la nuit.

– Ô Tsiang Sandup, les Abors sont venus pour une conférence. Ils demandent à vous parler.

– Recouvrez l'œuf de jade, répondit-il.

Des remuements de fantômes et des soulèvements d'ombres indiquèrent que le grand voile noir était remis en place. La pluie survint, douce et tranquille, et l'air s'emplit d'une musique de petites cascades rejaillissant de roche en roche. Le lama soupira, et, un instant, parut se ratatiner comme si la vieillesse le réclamait ; mais, dominant cette impression, il se leva et fit signe à Ommony de reculer sous l'abri du rocher.

– Attendez ici, dit-il, et il disparut.

Ommony l'entendit descendre à tâtons, puis causer à voix basse avec le chéla. Le silence s'établit et se prolongea, interrompu seulement par le chant de la pluie et le gémissement du vent sur les cimes ; puis le vent et la pluie cessèrent, et l'on n'entendit plus que le tintement des gouttes.

La chienne, frissonnant de solitude autant que de froid, vint se serrer contre Ommony. Celui-ci essayait de se rappeler la conversation du lama. Il avait presque oublié l'œuf de jade. Ce n'était rien en comparaison des redoutables problèmes qui occupaient le lama. Sa propre pensée tâtonnait dans un avenir invisible. Il éprouvait la sensation de fouler le seuil d'un nouvel univers, d'attendre une seconde naissance. Le passé perdait toute réalité. Le globe qu'il avait connu, avec ses guerres, son égoïsme, sa corruption, lui faisait l'effet d'un cauchemar, tissé de désespérance et plein d'ambitions inutiles. L'avenir ? Cela du moins lui appartenait, un avenir bien à lui, immensément personnel. Il allait renaître dans le vieux monde, mais avec une conscience des valeurs entièrement nouvelles. Il se sentait un devoir à remplir envers l'humanité, mais il ne pouvait le formuler ; il ne savait par où commencer ; il frissonnait seulement devant l'immense et muette obscurité du seuil.

La voix du lama rompit le silence ; il s'adressait au chéla dans le fond de l'abîme :

– Le premier devoir d'un chéla est l'obéissance.

Le silence se rétablit. Le vent et la pluie ne troublaient plus la tranquillité. Enfin le vieillard, comme un fantôme issu du néant, apparut sur le rebord et vint s'asseoir à côté de lui, mais pas assez près pour que la conversation fût possible. Puis, après un long intervalle, la voix du chéla s'éleva, résonnante, limpide, à quelque distance.

– Ô Tsiang Sandup, j'obéirai, et elles m'obéiront. Puis-je attendre jusqu'à l'aurore ? Elle ne tardera guère.

Le lama donna son consentement en un monosyllabe, puis soupira et vint s'asseoir plus près d'Ommony.

– Mon œuvre est achevée, dit-il.

L'endurance a des limites. Il regarda le ciel, mais aucun signe n'annonçait encore l'aurore. Un murmure musical s'entendit dans le lointain, pareil au bourdonnement d'un essaim, mais le lama n'y fit pas attention.

– Elle s'en ira avec vous, croyant que je la rejoindrai plus tard. Vous pourrez tout lui dire à Tilgaun. Elle comprendra, elle sera brave, elle n'oubliera pas qu'elle est mon chéla.

Les cimes des rochers entourant le gouffre se teignirent de vagues clartés annonciatrices de l'aurore, et les étoiles pâlirent. Alors la psalmodie s'enfla en un chant dont l'harmonie évoquait l'évolution mystique d'un nouvel astre. Le chœur était exclusivement composé de voix féminines, vibrantes de courage et d'allégresse. Ommony s'efforça de saisir les paroles, mais la distance était trop grande et bien que ses regards ne pussent percer l'obscurité, il éprouva la sensation qu'un voile se soulevait.

Les chants se turent, et dans le silence qui suivit Tsiang Sandup se leva.

– Je m'en vais, dit-il tranquillement. Je suis vieux, mon fils. Je ne puis supporter de dire adieu à mon élève bien-aimée. Puissent les dieux qui gardent votre virilité vous donner la force et l'honnêteté de la servir. Elle va demander où je suis. Vous pourrez lui répondre : « Le premier devoir d'un chéla est l'obéissance. »

Il entra à grands pas dans le tunnel. Dans la direction opposée, à distance, une cloche cristalline sonna sept coups, lents et distincts, dont les harmoniques se dispersèrent lentement dans l'infini ; puis la sonnerie se répéta. Et au moment où la dernière note se fondait dans le silence, l'aurore argenta le sommet des rochers, et la voix du chéla s'éleva, solennelle, entonnant la plus ancienne invocation du monde :

– Ô ma Divinité, unis-toi à moi... afin que, sortant de l'obscurité, j'entre dans la lumière !

L'aurore descendit rapidement sur les parois de l'abîme jusqu'à ce qu'elle atteignît un rebord où se tenait San-Fun-Ho, et au-dessous duquel s'étendaient des ténèbres profondes. Sa main droite était levée. Les autres femmes, plus bas, demeuraient invisibles. Le matin resplendissait sur son visage. Ses lèvres remuèrent et sa poitrine se souleva dans une profonde respiration pour entonner le Mot magique. Et, soutenue par le chœur issu du brouillard et de l'ombre qui lui enveloppait les pieds, sa gorge modula et prolongea la syllabe déjà sacrée à l'époque où Atlantis disparut sous les vagues et où des races nouvelles explorèrent de nouveaux continents, expression de l'essence à jamais incommensurable, inimaginable, inaccessible, infinie, absolue et embrassant dans sa sainteté sublime l'origine et la fin de toutes choses.

– O...M !

Le son monta et s'enfla, puis s'affaiblit et mourut parmi les rochers, où flotta un instant le vague écho de son ultime vibration ; puis vint la réponse, sonore et forte, proférée par une voix d'homme à l'entrée d'une caverne, à trois cents pieds au-dessus du rebord où se tenait Ommony, à mi-chemin entre lui et le chéla.

– O...M !

Le lama leva la main droite pour une bénédiction suprême, puis disparut dans la caverne.

Ensuite, Ommony entendit le chéla qui l'appelait, au moment où l'aurore, pénétrant au fond du puits, révélait le groupe de ses compagnes à l'étage inférieur.

– Goupta Rao ! Il est temps de changer de nom ! Attendez-moi ! Je viens... car Tsiang Sandup nous envoie ensemble !

TABLE DES MATIÈRES

Impression réalisée en France par Présence graphique
pour le compte des éditions Terre de Brume en janvier 2012
Dépôt légal : février 2012
N° d'impression : 011240958